MIGUEL MALDONADO

CÓMO AMAR A LAS PERSONAS

Fortalece tus relaciones

Primera edición. Septiembre 2023
© 2023, Miguel Maldonado
 @miguelmaldonado.oficial
 fugasdevida@gmail.com

ISBN: 979-8-218-28899-0
Impreso en E.E. U.U.

Diseño de portada, edición y maquetación:
Aurora Carranza

Queda prohibida toda reproducción total o parcial sin autorización del titular de los derechos de autor.

CONTENIDO

Introducción	9
Capítulo 1: La importancia de amar a las personas	13
Capítulo 2: El significado de amar	19
2.1 La decisión de amar a las personas	22
Capítulo 3: Ámate a ti mismo	29
3.1 En el área emocional	30
3.2 Trabajando con dolor	32
Capítulo 4: El amor propio es tu mejor motivación	35
Capítulo 5: No es bueno que estés solo	41
Capítulo 6: Bajo autoestima	47
Capítulo 7: La depresión	55
Capítulo 8: La depresión no es invencible	61
Capítulo 9: Heridas que te arruinan la existencia	69
Capítulo 10: Sana por dentro	75
Capítulo 11: El perdón	81
11.1 El perdón en nuestras acciones	82
Capítulo 12: Perdónate a ti mismo	85
12.1 La historia de Filomeno	87
Capítulo 13: El amor en la relación de pareja	91
Capítulo 14: La guerra que se gana cuando se pierde	97
14.1. La inseguridad	100
Capítulo 15: Amor sacrificado	105
Capítulo 16: Amor sacrificado en la pareja	109
Capítulo 17: Amor sacrificado en los hijos	113
Capítulo 18: Amor sacrificado en los padres	121
Capítulo 19: Amor sacrificado en el área laboral	127
Capítulo 20: Vuélvete exitoso al amar a las personas	133
Agradecimientos	139

INTRODUCCIÓN

Seguramente alguna vez te has encontrado formado en alguna fila de personas, esperando a que llegue tu turno para recibir algún beneficio que necesitas. Aunque puede ser aburrido tener que esperar, sabes que vale la pena hacerlo porque, cuando por fin llegue tu turno, conseguirás la solución para algún problema que necesites arreglar.

Así mismo, creo que ahora es tu turno para aprender, a través de este libro, las cosas más importantes que un ser humano necesita para vivir una vida libre de odios y resentimientos que le impiden ser feliz. También aumentarás tu capacidad para desarrollar tus dones y talentos, aprenderás a amar con pasión tus sueños y trabajar en ellos de una manera más efectiva.

En estos tiempos, donde las cosas están cambiando y los valores que antes eran tan importantes están desapareciendo, guardo la esperanza de que este libro sea como una pequeña llama que va a encender las antorchas de tu vida y te mantendrán alumbrado en los momentos donde te sientas solo y abandonado. Así como las personas tenemos la necesidad de alimentarnos para sentirnos fuertes, también nuestra alma tiene la necesidad de estar llena de amor para sentirnos vivos.

La emoción que provoca el amor es la que nos hace sentir que tenemos una razón para vivir.

Cuando no se tiene amor propio, nos volvemos vulnerables a ser lastimados por las demás personas, porque el amor es la necesidad más grande que tenemos los seres humanos y, cuando se siente la ausencia de amor, sentimos un vacío que intentamos llenar con el amor que alguien más pueda sentir por nosotros, sin embargo, por naturaleza, a las personas les cuesta mucho amar a los demás, no porque no quieran sino porque no saben cómo hacerlo. Esta es la razón por la cual a muchos les cuesta expresar sus sentimientos; por ejemplo, un padre ama mucho a sus hijos, pero casi nunca se los dice y prefiere asumir que sus hijos se den cuenta, por lógica, que son amados.

Pero un amor no expresado es un amor que no existe; no importa si tu corazón está desbordado de amor por alguien, si no se lo haces saber, es como si no sintieras nada y debes estar consciente de que las personas nunca se acuerdan de lo que hiciste por ellos. Pero siempre recordarán cómo los hiciste sentir.

Podemos estar de acuerdo en que no hay amor más grande entre los seres humanos que el que tiene una madre. Pero aunque una mamá tiene una alta capacidad de amar, son más las veces que regaña a sus hijos que las que les demuestra amor. Esto pasa porque los seres humanos nos hemos olvidado de la necesidad que tenemos de amar y ser amados.

Por eso, me hace muy feliz la esperanza de que ahora mismo este libro esté en tus manos. Así como algún día has tenido que esperar tu turno para recibir algún servicio que te va a beneficiar, este libro es el turno que estabas esperando para recibir la enseñanza, los consejos y las herramientas que necesitas para liberarte de todas las limitaciones que te impiden tener la vida que siempre has soñado.

Mientras avanzas en la lectura de este libro, experimentarás cómo tu alma comienza a sanar, te comenzarás a liberar de las cargas que ni siquiera sabías que tenías, vas a darte cuenta de cómo aumenta tu capacidad y desarrollarás ideas creativas que comienzan a cultivarse en un corazón libre de odios. Estarás preparado para ser tú el primero en amarte, también aprenderás a amar de la manera correcta a las personas y con eso evitarás que alguien pueda herirte con sus acciones.

Estoy seguro de que, cuando termines este libro, tendrás la capacidad requerida para ser una persona exitosa, porque desde ya podemos estar de acuerdo que el amor es el ingrediente principal para conseguir lo que quieres en la vida. Si no tienes amor por lo que quieres, difícilmente harás lo necesario para conseguirlo, pero cuando logras enamorarte de tus sueños, podrás hacerlo de tal manera que estarás dispuesto a luchar con tu propia vida para lograrlos, porque el amor es más fuerte que todas las excusas.

Solo aprendiendo a tener amor verdadero por ti mismo, serás capaz de derrotar a los enemigos que te impiden ser la persona que quieres ser.

Introducción

No quiero hacer más larga esta introducción, pero sí quiero motivarte a que no pares de leer el libro hasta terminarlo, porque así tendrás la información completa.

Igual que cuando vas a un médico para que te recete una medicina, que te ayude con algún malestar físico, y el doctor te dice que tienes que terminar el tratamiento para tener los resultados deseados, también yo te digo que tienes que leer todos los capítulos para que puedas obtener la información completa; de esa manera, si crees y practicas lo que aprenderás en este libro, te vas a dar cuenta de cómo todas tus relaciones se fortalecen y tus sentimientos y emociones comienzan a ponerse en orden. Comenzarás a ponerte en camino hacia el éxito de todo lo que quieres conseguir.

Si estás listo para aprender cómo amar a las personas, amarte a ti mismo, fortalecer tus relaciones y enamorarte de tus sueños, no esperemos más, vayamos al primer capítulo.

Capítulo 1:
LA IMPORTANCIA DE AMAR A LAS PERSONAS

Quiero comenzar diciendo que, aunque no estoy a tu lado en este momento, me emociona mucho pensar que me das la oportunidad de compartir y aportar algo bueno y de valor a tu vida. Con los años, he aprendido cosas que me han ayudado a amar y valorar a las personas que me aprecian, y a agregarles cosas valiosas a todos los que, por naturaleza, siempre están cerca de nosotros: ya sean amigos, compañeros de trabajo, socios del negocio, clientes, o simplemente personas que a diario nos encontramos en las tiendas, parques, restaurantes, etc.

Creo, con toda certeza, que todas las personas merecen ser valoradas, porque, al fin y al cabo, las personas son lo más importante que tenemos en este planeta. Si nos damos cuenta, nuestra vida es buena o mala según las personas que están a nuestro alrededor. También, las personas son las que nos brindan servicios y las que nos permiten servirles.

Por ejemplo, cuando vamos a un restaurante son personas las que nos atienden: desde las que están en la cocina, hasta las que nos cobran la cuenta.

Cuando vas a la tienda son personas las que se encargan de que las cosas que necesitas están a tu alcance; lo mismo si vas al banco, a un hospital o a donde quiera que sea, siempre serán las personas la solución a todas las cosas que necesitamos. También en tu empresa o negocio, tanto tus socios como tus clientes, son personas.

Por eso hay que aprender a amar a la gente y ser individuos agradecidos, porque al final de cuentas las personas son el mejor recurso que tenemos.

Con el tiempo, nos vamos dando cuenta de que es más valioso tener buenos amigos con quienes compartir nuestra vida, que conseguir recursos materiales y no tener personas sinceras a nuestro lado para disfrutar de los logros conseguidos.

Amar y valorar a las personas es algo muy importante que necesitas hacer si pretendes tener éxito en tus proyectos, porque no importa si logras mucho o consigues poco, al final siempre tendrás la necesidad de tener personas a tu lado para celebrar tus logros, porque el éxito que no se comparte es igual que el fracaso, pero el verdadero éxito se celebra y se disfruta más cuando se comparte con la familia y con buenos amigos.

También debemos ser conscientes de que hoy en día no es sencillo amar a la gente, pues muy seguido nos vemos desalentados a causa de las mentiras y traiciones por parte de las personas que creíamos que serían sinceros.

Aunque esto suele dolernos mucho, no deberíamos condenar nuestro futuro cayendo en el error tan común de vivir llenos de rencor y desconfianza.

Ya debimos habernos dado cuenta de que los seres humanos somos expertos en cometer errores que, la mayoría de las veces, lastiman a las personas que menos queremos herir.

He conocido a tanta gente que ha sentido de forma directa el dolor que causan los errores de las demás personas, viven sufriendo esas heridas desde que eran apenas unos niños, y se sienten desafortunados por no haber crecido con buenas personas.

Una manera efectiva de sanar esas heridas es ser conscientes de que, así como otros nos lastiman, nosotros también hemos lastimado a alguien más. Es por eso que lo mejor no es buscar un papel de víctima y andar por la vida queriendo mostrar lo mal que fuimos tratados, sino perdonar y seguir adelante, porque en algún momento también vamos a necesitar que alguien nos perdone a nosotros.

También es cierto que desde muy niños comenzamos a experimentar el dolor causado por la gente. Si lo piensas bien, podrás darte cuenta de que las peores heridas en el corazón de una persona casi siempre se provocan dentro de su propio hogar.

A lo mejor conoces a alguien que vivió sufriendo la mayor parte de su niñez y adolescencia por unos padres que no supieron amarlo, o tal vez fue tu caso. Incluso podemos darnos cuenta de que, las personas que tienen un mal comportamiento, se excusan diciendo que son así porque cuando eran niños no se sintieron amados ni valorados.

O qué podemos decir de las historias que escuchamos casi a diario sobre personas que fueron traicionadas por alguien a quien le dieron su confianza. Estas personas heridas suelen perder las

La importancia de amar a las personas

esperanzas, muchos deciden cargar una amargura que los hace pensar que la gente no vale la pena y que todos son unos traidores e interesados.

Ellos mismos se condenan diciendo: nunca más confiaré en nadie. Piensan que todas las personas son iguales.

También existen aquellos que, infelizmente, son traicionados por sus cónyuges y, al pasar el momento de dolor que causa una infidelidad, dicen cosas como: Nunca más volveré a amar a nadie.

Y así condenan su futuro a la desconfianza y a la soledad; piensan que nunca más permitirán que alguien vuelva a lastimarlos.

Quiero decirte que no podemos condenar a todos por el error de una persona, porque el que alguien te haya hecho daño, no significa que todos lo harán.

Condenarlos sería una acción egoísta de tu parte y muy injusta para todas las personas que merecen ser valoradas por su buen corazón.

Por eso, es importante aprender a amar a las personas; porque el amor siempre es más fuerte y puede vencerlo todo. De manera que si tienes amor en tu corazón, por los seres humanos en general, terminarás por perdonar la ofensa, no porque ellos lo merezcan, sino porque es lo mejor para ti. Porque el rencor y el odio son un veneno para tu alma.

Se gana más cuando decides ser tú la persona que ama, en lugar de tener que esperar a que alguien te ame a ti. Cuando decides ser una persona que respeta, acepta y valora a los demás, eso te hace único y muy especial.

Tienes que ser muy valiente para poder vencer todos los motivos que tienes para no respetar a los demás.

Muy seguido, las personas nos dan muchas razones para alejarnos de ellas, pero si nosotros somos capaces de amar, entenderemos que no depende de ellos el lastimarnos, sino de nosotros; es decir, tú eres la persona que decide qué te lastima y qué no lo hará.

Muchas veces se nos ha dicho que tenemos que alejarnos de las personas negativas y de todos aquellos que no creen en nosotros, pero cuando aprendes a ser capaz de decidir qué va a influenciar en tu vida, ya no te afectará estar al lado de las personas, sin importar lo que estas piensen de ti.

Por lo contrario, te darás cuenta de que vas a ser mucho más efectivo si no te alejas, pues cuando te mantienes cerca de la gente, puedes ver qué pasa con ellos y puedes ayudarlos cuando lo necesitan.

Ayudar a una persona es la mayor satisfacción que podemos sentir como seres humanos, ya que cuando ayudas a alguien muestras amor, y ese mismo amor te hace sentir que estás vivo, que eres una bendición muy especial. ¿Te imaginas cómo sería tu vida si sintieras y pensaras esas cosas sobre ti mismo?

Hace algunos años escuché una historia de un hombre llamado Esteban que había hecho algunos negocios fraudulentos para ganar mucho dinero, pero después su conciencia lo castigaba al recordar a los cientos de personas a las cuales había estafado con mentiras.

Cada día se sintió peor hasta ya no poder más; decidió entonces ir a confesarse con el cura de aquel pueblo. Después de contarle todos sus negocios sucios y cómo sus malas acciones lo atormentaban, el cura le aconsejó que hiciera obras de caridad, que solo las buenas acciones serían la medicina para combatir el tormento de las malas acciones de su pasado.

Esteban fue y puso en práctica el consejo; un tiempo después contó que hacer buenas acciones con las personas le traía mucha paz, tranquilidad y, sobre todo, mucha seguridad.

Dijo también que su vida comenzó a tener sentido cuando miraba la felicidad de las personas a las que podía ayudar.

Esto pasa porque cuando demostramos amor a los demás es como si lanzáramos agua fresca hacia el cielo: es cuestión de tiempo para que esa misma agua regrese y caiga sobre ti.

Por eso, mi querido amigo, al final siempre será mejor mantener una sana relación con las personas; no porque ellos lo merezcan, sino porque tú lo mereces. Piensa que las personas son el recurso más preciado que tenemos. Por ejemplo, si tienes un negocio y aprendes a ver a tus clientes como personas a quienes puedes ayudar, ya no solo los mirarás como números, sino que los atenderás bien y ellos querrán ser tus clientes de por vida.

Si estás en una empresa en donde tu deseo es asociar más personas al negocio, pero ellos perciben que tú los buscas solo por dinero, lo más seguro es que ellos no querrán estar cerca de ti.

La importancia de amar a las personas

En cambio, si la gente percibe que los buscas porque eres una persona compasiva y pueden ver que eres alguien que disfruta ayudar a los demás, no por intereses propios, sino por el bien del prójimo, entonces ellos sin duda querrán trabajar contigo y ser parte de algo que tú estás haciendo.

Cuando las personas perciban que amas a la gente, te darán su confianza. Aunque no entiendan lo que les estás proponiendo, se sentirán contentos cuando estén cerca de ti; de esa manera ellos permitirán que les ayudes, pero también eso te traerá muchos beneficios.

Al final de cuentas, el amor siempre beneficiará más al que lo da que al que lo recibe; siempre será mejor que seas tú el que decida amar a las personas, en lugar de tener que esperar a que las personas sean las que te amen.

Si pretendes lograr los planes y sueños que tienes para tu vida, lo mejor será que abandones la idea y los pensamientos de que no necesitas a la gente y que puedes hacer las cosas solo, porque la falta de amor hacia las personas viene a ser una puerta abierta al fracaso.

Por eso, te animo a darle otra oportunidad a la gente, decídete a sanar las heridas que te hayan ocasionado, perdona y pide perdón.

Considera que, para todo lo que quieras hacer en tu vida, vas a necesitar personas para lograrlo y nadie quiere estar cerca de alguien lastimado y amargado por heridas del pasado que nunca cerraron.

A lo mejor piensas que nadie se da cuenta de lo lastimado que puedes estar, pero esa puede ser la razón por la que las personas que llegan a tu vida o a tus proyectos no se quedan: porque perciben en ti algo que, por intuición, no desean que les suceda a ellos.

Quien quiera que seas tú y donde quiera que te encuentres leyendo este libro, quiero decirte que si no te rindes y continúas leyendo hasta terminarlo, te darás cuenta de cómo comenzarás a sanar y a experimentar cambios en tu interior.

Serán cambios tan notorios que los demás los van a percibir y querrán estar a tu lado, porque podrán detectar en ti confianza, seguridad y, sobre todo, amor propio que te permite amar a los demás. También se percatarán del control que tienes sobre tus emociones y sentimientos; muchas veces son estos los que controlan a las personas, pero ese no será tu caso.

Al contrario, tú te convertirás en tu mejor versión y en la persona que siempre quisiste ser.

A continuación te escribo las cosas que debes tener muy en cuenta si pretendes fortalecer tu relación con las personas. Para lograrlo debes recordar todos los días:

- Es mejor ser el que decide amar, que exigir que me amen.
- Las personas son el mejor recurso que tengo.
- Debo perdonar, porque un día necesitaré que alguien me perdone a mí.
- No puedo condenar a todos por el error de uno.
- No perdono porque las personas lo merezcan, sino porque es lo mejor para mí.
- Soy yo, y no la gente, quien decide qué me lastima y qué no.
- Mis buenas acciones me benefician más a mí que a quienes las reciben.
- Mis heridas no cicatrizadas alejan a las personas de mí.
- El amor beneficia más al que lo da que al que lo recibe.
- La falta de amor por la gente es una puerta abierta para el fracaso.
- Soy yo quien debe controlar mis emociones y no las emociones a mí.
- No es fácil amar a las personas, pero es lo mejor que puedo hacer.

Capítulo 2:
EL SIGNIFICADO DE AMAR

Como ya dijimos antes, amar a los demás no es sencillo, pero tampoco es tan difícil como parece. A veces, las personas no saben en realidad qué es el amor al prójimo y por eso no pueden amar. No es porque no quieran, sino porque no saben cómo hacerlo.

Por eso, en este capítulo hablaremos de cómo se puede lograr amar a los demás.

Lo primero que tenemos que tener en claro, es que el amor es un compromiso y no solo un sentimiento.

Cuando no entendemos esta sencilla diferencia vivimos queriendo sentir algo para pensar que sí queremos a alguien, y lo único que conseguimos es una gran confusión. Es precisamente esta confusión la causa principal de las traiciones, divorcios, infidelidades, pleitos, entre muchas otras.

Te pido que te concentres en las siguientes líneas para que puedas entender bien este asunto y yo intentaré explicar lo mejor posible.

Pongamos un par de ejemplos, para entender el amor sentimental y el amor verdadero.

Ejemplo 1. Las personas confunden el enamoramiento con el amor.

Si te has enamorado alguna vez, seguramente estarás de acuerdo conmigo en que una persona enamorada vive sintiendo cosas muy lindas; esto sucede porque los sentimientos y las emociones se unen y te hacen sentir cosas increíbles que no habías experimentado antes.

Por supuesto que esto es una sensación muy bonita, pero el amor no se basa en que tú sientas algo bonito, sino en el compromiso contigo mismo de asegurarte de no ser egoísta y de hacer todo lo necesario para hacer feliz a la persona que amas.

Ejemplo 2. En la relación matrimonial.

Si estás comprometido en matrimonio, es probable que alguna vez hayas pensado que la relación ya no es como era al principio y vivas creyendo que todo se ha convertido en una aburrida rutina.

Esto sucede porque la mayoría de las parejas toman la decisión de casarse durante el enamoramiento, sin darse cuenta de que aún no ha llegado la etapa de sentir un amor verdadero. Deciden unir sus vidas cuando sus emociones tienen el control de casi todas las decisiones.

Hace un tiempo platiqué con una mujer, que se llamaba Doriana; ella me comentó que estaba enamorada de un joven llamado Ricardo.

Me dijo que estaba confundida, porque algunos días sentía que amaba mucho a Ricardo y que era toda su vida, pero cuando él no la llamaba, ella se sentía ignorada, se desesperaba tanto que comenzaba a sentir que lo odiaba y ese odio le daba el valor para tomar la decisión de terminar la relación.

Pero otro día por la mañana, Ricardo aparecía con un ramo de rosas y con una buena explicación, le contaba por qué no la había llamado y entonces ella decidía perdonarlo, y otra vez sentía que no existía en el planeta un hombre tan maravilloso como él.

La historia de Doriana nos permite entender cómo el enamoramiento es una mezcla de sentimientos y emociones, con solo una pizca de amor. Eso no es suficiente para mantener una relación estable y duradera, porque solo estar enamorado no es estar comprometido.

Sin embargo, el verdadero amor no se basa en emociones, ni siquiera en sentimientos, sino en una decisión y un compromiso.

Por esta razón, siempre se recomienda a una pareja que no tome la decisión de casarse durante el enamoramiento.

Estar enamorado es estar lleno de sentimientos, pero estar decidido a amar es estar comprometido a aceptar a la persona como es; a pesar de no estar de acuerdo, estás dispuesto a sacrificarte por amor.

Más adelante aprenderemos cómo funciona el verdadero amor en pareja.

Por ahora, quiero encargarte que nunca tomes decisiones sin estar seguro de que tienes el control de tus emociones, para que no cometas el error de miles de personas que se comprometen en una relación o un compromiso solo porque están emocionados, pero,

El significado de amar

cuando las emociones cambian, cambia su manera de pensar y es ahí en donde comienza el verdadero problema; se dan cuenta de que se comprometieron con alguien en un momento que no debieron hacerlo y ya no miran a su pareja con los mismos ojos que al principio.

Esto es verdaderamente terrible, porque puede ser que te cases con alguien a quien crees que amas y terminas viviendo con alguien que desconoces.

Por eso es que en muchas ocasiones escuchamos decir a las personas que su pareja ya no es nada de lo que era antes, es decir, que prácticamente se convirtió en una persona desconocida.

Yo, personalmente, he escuchado a muchas personas desesperadas y atrapadas en este problema que sufren todos los días: dicen que su pareja ya no es la persona de la cual se enamoraron.

¿Te imaginas lo difícil que puede ser para una persona tener que pasar su vida a lado de alguien que no ama y que prácticamente no conoce?

Definitivamente, nadie merece algo así, pero si ya estás en una relación es importante que no te conformes en vivir de esta manera, asumiendo que este sea tu caso.

Lo mejor es que se conozcan otra vez, que comiencen de nuevo. Sé que no es algo sencillo, pero es lo que más te conviene porque, si aún sigues dominado por tus emociones, seguramente todos los días piensas en la posibilidad de una separación; pero caerías en el mismo error, tomarías la decisión basada en lo que tus emociones te dictan y ten por seguro que pagarás las consecuencias otra vez.

Querido amigo, quiero que te grabes muy bien esto que te diré a continuación: Las emociones son para sentir y no para decidir.

Para entender mejor el significado de lo que es amar a las personas, recuerda que:

- Amar a los demás no es sencillo, pero tampoco es tan difícil como parece.
- A una persona le cuesta amar porque no sabe cómo hacerlo.
- El amor es una decisión y no un sentimiento.

- No es lo mismo estar enamorado que estar decidido a amar.
- Estar enamorado no es estar comprometido.
- Tomar decisiones basadas solo en las emociones traerá malas consecuencias.
- Las decisiones son para sentir, no para decidir.

2.1 LA DECISIÓN DE AMAR A LAS PERSONAS

Entonces, dichos estos ejemplos, podemos estar de acuerdo en que, para amar a las personas en general, se necesita una decisión y no un sentimiento. Es decir, que no tienes que sentir algo por todo el mundo, pero lo que sí tienes que tener es la decisión de respetar a todos.

Tú sabrás que amas a las personas cuando los aceptas a pesar de no estar de acuerdo con ellos, cuando respetas su modo de pensar, la fe que practican, su modo de trabajar, de vestir, o lo que sea que hagan.

Esto no quiere decir que apruebes todo lo que hacen, pero sí podrás amarlos y respetar su modo de vivir; te asegurarás de que estás siendo la influencia correcta para ellos.

Porque puede ser que para eso llegaste a sus vidas, para llenar ese vacío que alguien puede estar sintiendo.

No esperes a que las personas merezcan que tú seas bueno y respetuoso con ellos; en lugar de eso, piensa que tú ya eres bueno por naturaleza y que desde niño te enseñaron a respetar a los demás.

Cuida mucho esos buenos modales, porque hoy en día ya son muy escasos. Hoy sobreabundan las personas groseras e irrespetuosas que todo el tiempo te provocan para cambiar lo bueno que tienes en tu interior por las cosas malas que ellos traen a cuestas.

Te comparto que hace unos años, en el vecindario donde vivo, llegó a vivir a lado de nuestra casa una pareja con tres niños.

Aunque la nueva pareja de vecinos no me daba confianza, aun así intenté acercarme a ellos en repetidas ocasiones; lamentablemente, las cosas no se daban.

El significado de amar

Un día, mi esposa y yo hicimos unas galletas para regalárselas a ellos con la intención de acercarnos, pero ellos casi nos ignoraron y de mala gana aceptaron las galletas. Esto terminó con mis ganas de querer ser bueno con ellos.

Casi siempre, ellos salían afuera de su casa a fumar cigarrillos y, la mayoría de las veces, fumaban marihuana. En realidad, esto me molestaba mucho, porque mis hijos jugaban en nuestro patio y siempre percibían el olor de la hierba.

Las cosas se pusieron más tensas cuando los hijos de ellos y mis hijos se hicieron buenos amigos; a veces venían a nuestra casa a jugar y más tarde venían sus padres para llevarlos.

Cuando yo abría la puerta de mi casa y los miraba, me provocaban mucha desconfianza: ellos eran muy altos, tenían tatuajes casi en todo su cuerpo y siempre vestían con ropa de color negro; además, casi siempre eran groseros con nosotros, como si fuéramos nosotros los que llegamos a su vecindario y no estuvieran contentos con eso.

Esta situación comenzó a robar mi paz, ya no estaba a gusto en mi propia casa, cuando llegaba de mi trabajo por las tardes los miraba limpiar su motocicleta, pero ya no los saludaba, pues no quería sentir de nuevo su rechazo.

Cuando entraba a mi casa, lo hacía de mal humor, aunque mis hijos corrían a recibirme contentos de que papi había llegado; yo ya no disfrutaba eso como antes.

Una noche, mientras mi esposa Jazmín y yo cenábamos, ella me dijo que esto ya no podía seguir así, que yo tenía que aplicar lo que ya sabía que tenía que hacer.

—Apela al amor —me dijo.

—¿Apelar al amor? —me pregunté—. ¿Cómo puedo hacer eso si son ellos los irrespetuosos?

Pero esa noche, mientras intentaba dormir, me quedé pensando: ¿cómo puedo apelar al amor? Un poco después vino a mi memoria el **Proverbio 10:12**, que dice:

El odio provoca peleas, pero el amor
perdona todas las faltas.

Fue entonces cuando entendí que el más afectado de aquella situación estaba siendo yo, y por amor a mí tenía que amar a mis vecinos. Esa noche entendí que amar no se trata de sentir, sino de perdonar, y perdonar no significa olvidar o no sentir nada, sino renunciar a la venganza.

Desde ese momento cambiaron todas las cosas.

En mi interior comencé a sentir cómo regresaba mi paz y el gozo que ya no sentía desde hacía algún tiempo atrás.

Me di cuenta de que el odio le hace más daño al odiador que al odiado.

Solo para terminar de contarte la historia, te comento que al día siguiente fui a saludar a mis vecinos con una nueva actitud.

Ellos seguían siendo los mismos groseros, pero yo no era el mismo ofendido. Ahora yo era libre de su mala actitud. Así pasaron algunos días, yo era amable con ellos y ellos eran groseros conmigo.

Después de algunos días, me di cuenta de que ya no percibía el olor a mariguana, noté que habían disminuido las veces que salían a fumar afuera de su casa. Un día, por la noche, observé que estaban sentados en la parte de enfrente de su casa, entonces me acerqué a saludar, pero esta vez ellos fueron amables.

Les pregunté si todo estaba bien, porque ya no los había visto seguido en su patio.

Ellos me dijeron que ya no salían a fumar porque se dieron cuenta de que a Jazmín y a mí nos molestaba y habían comprendido que la razón era porque nuestros hijos miraban eso; ellos no querían ser un mal ejemplo para mis hijos y con eso también se habían dado cuenta del daño que, inconscientemente, le causaban a sus propios hijos.

Esa noche, ellos me hicieron una invitación para que mi familia y yo fuéramos a su casa a pasar un buen tiempo juntos.

Y así fue. Desde ese día fuimos los mejores vecinos, ellos venían a nuestra casa y nosotros íbamos a la de ellos, llevábamos juntos a nuestros hijos a la escuela, al parque, o a comprar un helado. En fin, de todo esto aprendí que es muy cierto que el amor siempre vencerá al odio.

Ahora, con la intención de entender y aprender, te quiero preguntar a ti. ¿Qué piensas?

¿Qué hubiera pasado si yo no hubiera apelado al amor?

El significado de amar

¿Quién estaba siendo más afectado en esta situación?
¿Cómo crees que hubiera sido mi vida si no me hubiera librado de la actitud de mis vecinos?
¿Crees que mis hijos merecían mi mala actitud cuando llegaba a casa?

Estoy seguro de que puedes contestar de forma correcta estas preguntas, por eso te quiero animar a que, si estás pasando o algún día atraviesas por una situación parecida a mi historia, recuerdes que lo mejor es librarse de la mala actitud de los demás.

Nunca pongas tu felicidad en manos de la gente, no dependas de que los demás cambien y sean buenos contigo para sentirte bien.

Toma la decisión de practicar lo que estás aprendiendo aquí mismo, y cree que puedes hacerlo.

Nada llega a tu vida por casualidad; si ha llegado este libro a tus manos y te encuentras leyendo esto, es porque es el tiempo correcto para entender que no puedes seguir viviendo un estilo de vida basado solo en tus emociones, sino en un verdadero amor por ti y por todos los demás.

Recuerda que, para poder aceptar a las personas como son, debes amarlos y comprender que amar no es sentir algo por ellos, sino tomar la decisión definitiva en el interior de tu corazón de respetar a las personas, aceptar que todos somos muy diferentes y que todos tienen el derecho de ser como mejor les parezca.

Pero tú también tienes el derecho de no permitir que la manera de ser de las demás personas te lastime y cambie tu manera de ser feliz.

Toma el control de tus emociones y no permitas que nadie, con sus acciones, controle tu estilo de vida. Nadie debe decidir si te enojas o si estás contento, si vivirás amargado o vivirás feliz; no le permitas ese derecho a ninguna persona.

Piensa que tú no puedes evitar que alguien más sea grosero contigo, pero sí puedes evitar que eso cambie tu manera de vivir, te robe tu felicidad, o te quite tu paz.

Recuerda que, por naturaleza, las personas somos complicadas y somos expertos en cometer errores. Así ha sido desde el principio de los tiempos.

Según la historia que tenemos de los primeros seres humanos, Adán y Eva, ellos cometieron un error y arruinaron la relación íntima que tenían con Dios mismo.

Ahora piensa, si los seres humanos fuimos capaces de fallarle a Dios, entonces deberíamos de comprender que somos altamente inconscientes de las desventajas que se obtienen cuando fallamos.

Entender esto te ayudará a no exigir mucho de la gente, tendrás que ser consciente que, por naturaleza, las personas fallan y en algún momento alguien puede fallarte a ti también.

Pero tú también eres un ser humano y es probable que en alguna área le fallarás a alguien, porque somos seres humanos y solemos equivocarnos con mucha frecuencia.

Por eso no debes menospreciar a esas personas que se esfuerzan por ser leales a ti porque, a pesar de la debilidad que tienen de fallar como todos los seres humanos, tratan de mantenerse fuertes y seguir siendo leales a tu persona.

No pienses que solo tú tienes debilidades; el resto de tu familia también las tienen, pero se mantienen firmes y luchan cada día por mantener a la familia unida y tú también debes unirte a esa misma causa, para que estén unidos y salgan victoriosos de cualquier tentación que tengan a fallar.

Al final de cuentas, ya sea dentro de la familia o fuera de ella, lo mejor es vivir la vida amando a las personas con un amor sin emociones.

De esa manera, estaremos libres de sentir odio y podremos vivir sin rencores, sabiendo que sí tenemos la capacidad de perdonar.

El perdón hará que vivas sin heridas emocionales; basta con que estés convencido de que amar no es un sentimiento, sino una decisión y que puedes amar a las personas con un amor basado en esa decisión y un compromiso, no en un sentimiento.

Si pretendes vivir una vida sin resentimientos ni odios en tu corazón, tienes que recordar que:

- Tengo que ser la influencia correcta para las personas cerca de mí.
- No tengo que sentir algo por la gente, pero sí respeto por todos.
- No tengo que esperar a que la gente merezca mi

El significado de amar

respeto, yo seré respetuoso.
- Cuando pierdo el control en una relación, debo apelar al amor.
- Perdonar no significa no sentir dolor, sino renunciar a la venganza.
- El odio le hace más daño al odiador, que al odiado.
- Necesito tomar la decisión en mi corazón para amar a las personas.
- Las personas tienen derecho de vivir como mejor les parezca. Yo tengo el mío.
- Las personas somos complicadas y expertas en cometer errores.
- El amor vence al odio.
- El perdón sana mis heridas.
- No puedo evitar que la gente sea grosera, pero puedo evitar que eso me afecte.

Capítulo 3:
ÁMATE A TI MISMO

Respetando tus creencias, y con la intención de ayudarte a tener amor por las personas y por ti mismo, voy a tomar como referencia uno de los versos más importantes de la Biblia. Como bien sabes, existen muchas denominaciones religiosas que profesan una fe cristiana. Esto significa que existieron y existen millones de personas que practican las palabras escritas en la biblia.

Si solo tomamos en cuenta la cantidad de personas que creen en Cristo, sin importar la denominación o la iglesia a donde se congregan, nos damos cuenta de que la religión cristiana es la más grande en el mundo entero y esta inmensa religión está basada en las escrituras divinas de la Biblia, la cual se compone de un viejo y nuevo testamento, con algunas decenas de libros.

Te digo todo esto para que veas cómo una religión tan grande, y la biblia, que se compone de varios libros, se reduce a solo dos mandamientos que Cristo dijo:

Mateo 22:37-39
37 Jesús le dijo: Amarás al Señor tu Dios con todo tu corazón, y con toda tu alma, y con toda tu mente. 38 Este es el primer y más grande mandamiento. 39 Y el segundo es semejante: Amarás a tu prójimo como a ti mismo.

Estas palabras tienen mucho sentido y, cuando las interpretamos de la manera correcta, pueden convertirse en una llave capaz de abrir la puerta que nos conducirá a vivir una vida plena y libre de odios, resentimientos, depresiones, bajo autoestima, ansiedad entre muchas cosas más.

Antes de entrar en más detalles, primero quiero asegurarme de que has entendido el segundo mandamiento de Jesús: Ama a tu prójimo como a ti mismo.

Esto quiere decir que tienes que amar a las personas de la misma forma en que tú te amas.

Si pretendes que las personas que están cerca de ti puedan sentir que los amas en realidad, debes estar seguro de que tú te amas lo suficiente.

Porque no tener amor propio puede ser la razón por la cual las personas causamos tantas heridas a los demás, por no entender la importancia de amarse a sí mismo.

Esto es como lo que ya hemos escuchado tantas veces decir: nadie puede dar lo que no tiene. Si tú no tienes amor propio, difícilmente lograrás que alguien se sienta amado por ti.

Esto es en realidad triste, sobre todo para una persona que está en una relación conyugal, porque seguirá teniendo problemas en el matrimonio debido a que su pareja sentirá todo el tiempo que no es amado y una persona que siente falta de amor no es feliz.

Más adelante hablaremos del amor en el matrimonio. Por ahora quiero animarte a mirar con mucho cuidado dos áreas de suma importancia en las cuales muchas personas viven y sufren a diario por falta de amor propio. La mayoría de los seres humanos no sabemos amarnos; es más, ni siquiera consideramos que sea algo que debemos hacer.

Pero veamos un poco las terribles consecuencias que se sufren por ignorar la importancia de amarse a sí mismo.

3.1 EN EL ÁREA EMOCIONAL

En el primer extremo están las personas que, por no tener amor por sí mismos, sienten un vacío, como si algo les faltara, y tratan de sentirse mejor exigiendo que los demás los amen.

Estos son los que siempre sufren cuando se enteran de que alguien hizo un mal comentario sobre ellos y por lo general siempre se encuentran deprimidos y desanimados.

Pero sufren aún más cuando, al tratar de conseguir la admiración de ciertas personas, hacen cosas que nunca harían si tuvieran, aunque fuera, un poco de amor propio.

Se sabe que hay personas que han hecho grandes cambios en sus cuerpos; se atrevieron a cambiar su imagen a través de operaciones muy costosas y dolorosas. Aunque no es el caso de todos, algunas

Ámate a ti mismo

personas lo hicieron porque alguien los presionó y no porque lo hubieran querido hacer, ya sea las modas de la sociedad o la pareja con la que viven.

Sin la intención de meterme en tu vida privada, quiero decirte que si la persona que dice amarte no te acepta tal y como eres y te pide que te quites o te pongas algo extra en tu cuerpo, entonces la verdad es que no te ama lo suficiente, porque no piensa en la incomodidad y el dolor que eso te va a causar, sino que lo que le importa en realidad es el supuesto beneficio que conseguirá por eso.

Si vas a hacer algo así, hazlo porque tú quieres hacerlo, porque es algo que vas a disfrutar y porque te provoca felicidad a ti y no porque alguien te obligue o te haga sentir insuficiente.

Es una falta de respeto cuando alguien busca satisfacer sus deseos a costa de tu dolor y tu dignidad; por eso, te animo a que te ames lo suficiente, conozcas tu valor y tengas la seguridad que no necesitas nada más de lo que ya tienes. La falta de amor propio en este extremo también lleva a las personas a mendigar amor. Por ejemplo, suele pasar en un matrimonio que, cuando uno de los dos no se ama a sí mismo, siempre exigirá que la otra persona lo ame para no sentir esa falta de amor. Exigirá que su cónyuge sea detallista y que tome tiempo para salir y pasar tiempo juntos; claro que esto es lo mejor para una pareja que pretende ser feliz.

El problema es cuando lo tienes que exigir y casi mendigar. Es como cuando vemos pedir dinero a una persona en la calle, normalmente se te acerca y pone una cara digna de dar lástima, te pide algo que la va a beneficiar y obvio te cuenta todas sus necesidades para que tú te compadezcas y le des algo de ayuda, según sea tu voluntad.

Lo mismo sucede cuando no tienes amor propio y estás pidiendo una y otra vez que tu pareja te escuche y que te ponga atención. Es como estar diciendo 'ten compasión', 'dame lo que puedas, cualquier cosa que me des me ayudará a sentirme bien.'

Espero que este no sea tu caso, pero, si lo fuera, te quiero decir que tú no naciste para mendigar nada a nadie, tú no estás para pedir sino para dar. Debes amarte lo suficiente para sentirte capaz y completo; no permitas que sea alguien más quien decida cuánto vales o cuanto mereces.

Recuerda siempre que el mandamiento dicta que tienes que amar y amarte. No exigir que te amen.

> Notas para memorizar y compartir:
>
> - Mi capacidad de amar a las personas depende de cuánto me amo a mí mismo.
> - La falta de amor propio me hace causar heridas en los demás.
> - Nadie puede dar lo que no tiene.
> - Una persona que siente falta de amor no es feliz.
> - La mayoría de las personas no consideran importante amarse a sí mismas.
> - Si no me amo lo suficiente, puedo convertirme en un mendigo de amor.
> - La falta de amor propio me hace sentir que soy insuficiente.
> - El mandamiento es que tengo que amar y amarme, no exigir que me amen.

3.2 TRABAJANDO CON DOLOR

Otro punto importante de este tema es la manera en la que se trabaja. Por ejemplo, si observas con cuidado a la gente, te darás cuenta de que las personas que no consideran importante tener amor por sí mismos, normalmente no se cuidan. Solo piensa en su vida laboral y te darás cuenta de que muchos de ellos trabajan largas jornadas laborales, fuerzan a sus cuerpos más de lo que pueden resistir y atraen con el tiempo enfermedades causadas por el cansancio excesivo.

Muchas veces, estas personas se excusan diciendo que tienen que trabajar tiempo extra porque el dinero no les alcanza para sacar adelante a su familia y, al escucharlos hablar así, pareciera ser que tiene sentido su sacrificio.

Ámate a ti mismo

Pero, si lo meditas bien, esto solo es una excusa disfrazada de una buena intención. La mayoría de las veces, a este tipo de personas les han presentado oportunidades de negocio para que puedan superarse de manera más fácil y rápida, pero las han rechazado y deciden aferrarse a un trabajo que no les gusta.

Esto pasa porque cuando no tienes amor propio no te das la oportunidad de superarte, prefieres seguir castigándote por un sistema y un jefe que decide cuándo y a qué hora descansas o a qué hora vas a comer.

Muy seguido las personas me cuentan que tienen una enfermedad que les provoca mucho dolor en alguna parte de su cuerpo. Cuando les pregunto qué es lo que les origina esta enfermedad, casi siempre me dicen que es por alguna consecuencia de algo que hacen en su trabajo. Cuando les pregunto por qué no han dejado su trabajo, ellos siempre tienen varias razones por las cuales no buscan otro empleo y es muy fácil darse cuenta de que, para ellos, esas razones son más importantes que su salud física.

La verdad se requiere tener amor propio para reunir el valor necesario que nos permita tomar decisiones y correr algunos riesgos que nos garanticen tener un mejor estilo de vida. Por eso, con mucho esmero, quiero motivarte y pedirte que aceptes de una vez la realidad: que si tú no te valoras, tampoco nadie lo hará.

Toma la decisión de cuidar con mucho amor a esa persona que ves todas las mañanas en tu espejo. Tú vales mucho y las cosas valiosas se cuidan; por eso, atiéndete y consiéntete en todas las áreas que puedas hacerlo.

Ten presente que nadie te amará más de lo que tú puedes amarte. Si tú no haces algo para terminar con tu dolor, nadie lo hará por ti, porque nadie sabrá cuánto duele, solo el que siente el dolor.

Te encargo que aprendas a tener amor por ti mismo para que busques tu felicidad y trabajes mucho, pero hazlo por las cosas que realmente te hacen sentir bien.

Si vas a cansarte trabajando cada día, que sea un trabajo en donde te guste cansarte para que al final del día puedas llegar a tu cama y, al acostarte, suspires profundo y puedas decir: hoy di un paso más hacia mis metas. De esa manera, disfrutarás incluso del cansancio.

Y es así como el cansancio ya no te agotará de la misma manera, el dolor que puedas sentir ya no te atormentará, será como un combustible que te impulsará hacia adelante y te recordará todos los días que estás logrando tus metas y que te estás acercando a tus objetivos cada vez más.

Notas para recordar y compartir:

- La falta de amor propio me aferra a trabajar en algo que no me gusta.
- Cuando no tengo amor por mí mismo, soporto la enfermedad que mi empleo me causa.
- Si tengo amor propio, tomaré riesgos por mi propio bien.
- Si trabajo en algo que me gusta, aun el cansancio lo disfrutaré.

Capítulo 4:
EL AMOR PROPIO ES TU MEJOR MOTIVACIÓN

Es muy difícil encontrar personas que realmente tienen amor por sí mismos y que tengan una vida que realmente les da placer y felicidad.

La mayoría solo viven imaginando cómo sería su vida si pudieran conseguir lo que piensan que les falta para ser felices.

Por ejemplo, hay personas a las que les gustaría tener una bonita apariencia y ponerse en forma. Pero debido a que no tienen el suficiente amor por ellos mismos, no hacen nada para conseguirlo.

Siempre sus excusas son mayores que sus deseos y terminan viviendo resignados a un estilo de vida que no les gusta.

Pasan los días imaginando cómo sería su vida si consiguieran aquello que desean lograr, y hasta viven seguros de que son capaces de hacerlo, pero solo se engañan pensando que más adelante trabajarán duro para conseguirlo.

La mayoría de estas personas anhelan realizar grandes cosas, pero ni siquiera se atreven a trabajar para conseguir, aunque sea, las pequeñas cosas personales, como bajar de peso, arreglar sus dientes, hacer ejercicio, cambiar su peinado, leer un libro, etcétera.

Terminan perdiendo el tiempo en las cosas que saben que no deberían hacer.

La mayor parte de su tiempo libre la viven pegados a la pantalla de su celular, pasando largas horas solo mirando videos, o entreteniéndose con la vida de los demás.

Ellos viven creyendo que tienen demasiado tiempo y que un día van a comenzar a trabajar para conseguir las cosas que desean, pero, si somos honestos, es muy poco probable que eso suceda.

A lo mejor creerás que estoy siendo exagerado, pero quiero contarte que, en algunas ocasiones, he tenido que dar consejería a matrimonios que están intentando salvar su relación y, al escuchar las razones que hacen enfadar a la pareja, la mayoría de las veces me doy cuenta de que la raíz de todos los problemas matrimoniales vienen a ser cosas muy sencillas, aunque hay excepciones.

Para explicarte mejor te comento que, como parte de la terapia, tengo una sección en donde hablo a solas con ambas partes. Me gusta la sección porque, cuando no está su pareja, la persona puede ser sincera.

Te sorprenderías mucho si estuvieras conmigo en ese momento y escucharas; descubrirías que los problemas son originados porque las personas no tienen cuidado ni siquiera con su apariencia.

Te darías cuenta de que una persona pierde las ganas de luchar para salvar la relación cuando ve que su pareja es descuidada con su imagen y con su higiene personal.

Cosas muy sencillas como no lavarse los dientes, no tener cuidado con su mal aliento, no cuidar su peso por su mala alimentación, no tomar una ducha cuando es necesario, no usar desodorante o alguna loción.

Estas cosas son demasiado insignificantes a simple vista, pero se vuelven terribles cuando tomamos conciencia de que las deberíamos hacer no por nuestro cónyuge, sino por amor a nosotros mismos.

Piensa que, cuando conociste a tu pareja, te arreglabas muy bien y te ponías perfume para que pudiera olerte.

Si eres hombre: te afeitabas, usabas mentas para ocultar tu mal aliento, limpiabas tus zapatos y eras cuidadoso de cada detalle.

No se necesita ser muy listo para darse cuenta de que lo que te motivaba a hacer eso era el amor que sentías por tu novia; ese amor que latía al ritmo del corazón en tu pecho era el que te hacía pensar en cada detalle para verte bien.

Pero ahora, lo más probable es que te hayas descuidado y ya no te veas motivado por tu pareja, porque ella cambió y la relación ya no es como antes. Pero es aquí donde quiero que seas consciente y te des cuenta de la importancia de tener amor propio.

Piensa que tú debes verte y sentirte bien, no porque alguien te motive a hacerlo, sino porque tú te amas y lo haces por ti y para ti.

Si esperas a que alguien más te motive, tu vida será demasiado inestable porque dependerás de que alguien más te haga sentir amado. Pero ya debes haberte dado cuenta de que las personas no están muy interesadas en que tú sientas que te aman.

Por eso debes tener el suficiente amor propio para no depender de nadie.

El amor propio es tu mejor motivación

Quizás ahora estás pensando en hacer ejercicio, ya sea por salud o para tener una mejor imagen en tu cuerpo, pero siempre estás posponiendo el comienzo y tú mismo te decepcionas preguntándote: ¿por qué no lo puedo hacer?

Creo que tengo tu respuesta.

No puedes porque no te amas lo suficiente como para convertirte en la persona que quieres ser.

Pero hoy eso puede cambiar. Comienza con pequeñas metas y cúmplelas. Por ejemplo: si ya comenzaste a leer este libro no pares hasta terminarlo y practica todo lo que aquí aprendas, porque todo lo que se aprende y no se practica se olvida y todo lo que se olvida se convierte en tiempo perdido. Algo que no deberíamos hacer los seres humanos es perder el tiempo.

Hoy en día existen muchas mamás jóvenes que tienen en su corazón el anhelo de lograr muchas cosas.

Debido a su edad, tienen sus propios sueños de lograr conseguir un buen trabajo o emprender un gran negocio, quizás desean terminar su carrera en la universidad, pero se esconden detrás de la excusa de que tienen que cuidar a sus hijos.

Querida amiga, si este fuera tu caso, por favor te pido que no sigas limitándote y perdiendo el tiempo.

Comprende que los hijos son una bendición, no una limitación. Ellos deberían ser tu mejor motivación para hacer aquello que te gustaría. Si aún no sabes con claridad lo que quieres hacer con tu vida, comienza a prepararte con pequeñas cosas: lee más, haz ejercicio, aprende nuevas recetas de cocina, aprende un nuevo idioma; en fin, puedes hacer tantas cosas en lo que te decides a qué te quieres dedicar o en qué te quieres convertir.

Amigos, el amor propio, en realidad, es un arma muy poderosa que mata todas tus excusas.

Cuando logras amarte a ti mismo, te vuelves poderoso, imparable y no te rindes con facilidad. Porque no hay nada imposible para el amor y todo comienza contigo mismo.

Piensa que el amor es como una semilla y tu corazón como tierra fértil; entonces, si plantas semillas de amor en tu interior, estas nacerán y se reproducirán. Tendrás amor de sobra para ti y para todas las personas que te rodean.

Las semillas de amor que debes plantar en tu corazón son las pequeñas acciones que puedes hacer para beneficio tuyo.

Si te animas a amarte, verás cómo todo se pone en su lugar, porque tomarás decisiones basadas en lo que es mejor para ti y no en lo que tus emociones te dictan.

La falta de amor propio te hace vulnerable a los pensamientos de las demás personas y viene a ser como un círculo dañino para todos porque, si no te amas, te afectarán todos los comentarios que se hagan acerca de ti.

Seguramente has escuchado a muchas personas que presumen que no les importa lo que la gente piensa de ellos. Lo dicen de forma tan segura que llegas a pensar que en realidad son sinceros.

Pero la mayoría de esta gente vive ofendida. Basta con mirar sus redes sociales cuando hacen una publicación. Digamos que comparten un pensamiento y reciben cien comentarios positivos; es probable que no contesten a ninguno. Pero si alguien les escribe un comentario negativo, se molestan y comienzan a defenderse y a agredir a la persona que los ofendió.

Esto pasa sin importar qué tan popular sea la persona en las redes. Todos los días vemos personas que admiramos mucho y nunca creeríamos que no tienen amor propio, pero cuando vemos sus publicaciones nos damos cuenta de que, a pesar de los diez mil comentarios positivos recibidos, solo se enfocan en responder a los cinco comentarios negativos.

A lo mejor te estás acordando de alguien que tiene este problema en las redes, pero quiero pedirte que te concentres en ti mismo para que te des cuenta si tú también lo tienes.

La mayoría de las personas tiene diferentes grupos sociales: La familia, los amigos o conocidos, compañeros de trabajo o socios de una empresa.

Es probable que dentro de estos grupos hayas conocido personas que te dan ánimo, que dicen creer en ti y quieren que te atrevas a hacer aquello que sueñas; intentan convencerte de que tú eres capaz de lograr lo que sea, pero es probable que tú no creas lo mismo y pases mucho tiempo convenciendo a tus buenos amigos de que están equivocados y que en realidad tú no eres lo que ellos piensan acerca de ti.

El amor propio es tu mejor motivación

Pero están las otras personas que no creen en ti. Ellos te dicen que estás loco por creer que lograrás hacer realidad tus sueños, comentan que no eres capaz de hacer algo más. Aun así, tú les crees a ellos y piensas que tienen razón, y en lugar de escuchar a los que sí quieren tu bien, terminas haciéndoles caso a los que no les gusta verte progresar.

¿Por qué te pasa esto? Sí, es eso que estás pensando: es porque no te amas a ti mismo.

Con facilidad le entregas tu poder a las personas incorrectas, por eso no importa si una persona dice mil cosas buenas de ti, tú siempre decides tomar el único comentario negativo y aferrarte a él, pensando que eres una persona desafortunada.

La verdad es que una persona que no se ama a sí misma ni siquiera vive su vida como le gustaría hacerlo, sino como los demás quieren que lo haga.

Pero mi querido amigo, eso debe cambiar ahora mismo. Si te cuesta ver el potencial que hay en ti, entonces escucha a los que sí lo pueden ver. Créele a las personas que tienen buenas cosas que decir sobre ti.

Ámate lo suficiente para cerrar tus oídos a esos comentarios destructivos que se dicen acerca de tu persona. Date cuenta de que a las personas les cuesta mucho creer en sí mismos, imagínate cuánto más les cuesta creer en ti. Solo una persona que ha logrado tener amor propio, creerá en ti, se alegrará cuando te vaya bien y celebrará con gozo tus logros.

Seguido expresará su admiración por lo que estás haciendo, te animará a que sigas adelante y se ofrecerá a ayudar si lo necesitas.

Pero las personas que no se aman a sí mismas suelen ser personas egoístas, nunca harán nada por ti, no al menos que ellos ganen algo; les molestan tus logros, se ofenden cuando eres feliz, viven callados y nunca expresan algo que te motive porque sienten que eso los hace sentir más miserables.

Pero estarán listos para cuando hagas algo mal y serán los primeros en dar su opinión acerca de tu fracaso.

Por eso, lo mejor es que aprendas y te decidas a tener amor por ti mismo, para que de esa manera no te afecte el odio y envidia de los demás. También te ayudará para que seas del grupo de personas que se alegra al ver a la gente triunfar en lo que hacen.

Así te saldrás de ese círculo dañino.

Con la finalidad de entender mejor cómo es un círculo dañino, pongamos el siguiente ejemplo:

Digamos que Gerardo no tiene amor propio y, por esa razón, las personas que lo rodean no perciben amor en él. Esto hace que las personas sean descorteses con Gerardo. Obviamente, él siente la descortesía de la gente y no tiene razones para amar a las personas. En consecuencia, las personas observan la frialdad de Gerardo, son más descorteses y así sucesivamente.

Creo que ahora que has leído esto tomarás la decisión de cambiar. Comenzarás a vivir sabiendo que no importa si los demás te aprecian o no, sino que lo que realmente importa es que tú tengas amor propio. Este sería el principio del cambio que te conducirá hasta donde decidas llegar.

Si quieres tener éxito en tus actividades diarias, es necesario que tengas presente:

- Tener amor por mí es más poderoso que tener el amor de muchos.
- El amor por mí debe ser más grande que mis excusas.
- Tengo que ser disciplinado en las cosas pequeñas, porque estas me conducen a las cosas grandes.
- Una prueba de que me amo es que cuido mi propia apariencia.
- Entre más amor propio tengo, más estable será mi vida.
- Mis hijos son mi bendición, no mi limitación.
- Mi corazón es como tierra fértil y mis acciones como semillas.
- Si decido no tener amor propio, viviré ofendido la mayor parte de mi vida.
- Necesito escuchar más a las personas que creen en mí.
- El principio del cambio en mi vida comienza con amarme a mí mismo.

Capítulo 5: NO ES BUENO QUE ESTÉS SOLO

Como ya debes saber, soy un ministro y seguido he tenido la oportunidad de oficiar ceremonias de boda. Casi siempre, en estas ceremonias, se recita uno de los versos más conocidos de la biblia:

Génesis 2:18
Luego, Dios el Señor dijo: «No es bueno que el hombre esté solo. Le voy a hacer alguien que sea una ayuda adecuada para él.»

Aunque este verso se lee para el nuevo matrimonio, la realidad es que nos involucra a todos, porque lo que Dios dijo es que no es bueno que los seres humanos estuvieran solos durante su vida.

Es muy alentador saber lo que Dios piensa acerca de ti, Él es el creador y conoce a su creación; tú eres Su creación y puedes confiar en que nadie mejor que tu creador sabe lo que te conviene.

Por eso, asegúrate de entender las palabras que Dios dijo. No es bueno que estés solo.

Fue por eso que Dios hizo muchas personas, para que estuvieran cerca de ti y tú también fueras una buena compañía para ellos.

Pero algo importante que hay que notar de ese verso bíblico es que, al final, Dios dijo: le haré una ayuda adecuada.

Insisto, aunque esto lo relacionamos con la creación de la mujer y el matrimonio, en realidad Dios se refiere a las personas en general, por eso creó a la mujer para que, junto con Adán, procrearan hijos y de esa manera comenzáramos a multiplicarnos, para terminar con la soledad.

Fue así como Dios se encargó de hacer llegar muchas personas a tu vida, para que fueran una ayuda adecuada para ti.

Esto es muy hermoso, porque quiere decir que todas las personas que existen fueron hechas para que tú no estuvieras solo y tuvieras con quien compartir tu vida. Es a través de las personas que Dios va a bendecirte, por eso dice que las personas serían la ayuda adecuada para ti. ¿Lo entiendes?

CÓMO AMAR A LAS PERSONAS

Para entenderlo un poco mejor, imagina que Dios quiere contestar esa petición que, en oración, tú siempre le has hecho; esa bendición se pone en camino hacia ti, pero el medio de transporte son algunas personas que van a llegar a tu vida y, si tú no estás dispuesto a convivir y estar cerca de la gente, puede ser que nunca conozcas a las personas correctas.

Esto es más interesante cuando nos damos cuenta de cuánto impacto tiene nuestra vida cuando conocemos nuevas personas.

Solo piénsalo bien y date cuenta de que el estilo de vida que tienes ahora mismo es el resultado de las relaciones amistosas que has tenido en el pasado.

Por ejemplo, si recuerdas cómo llegaste a la ciudad donde ahora vives, te darás cuenta de que fue porque alguien que conociste vivía ahí antes que tú y te inspiró para mudarte a ese lugar.

Piensa también cómo conociste a tu pareja. Seguramente alguien te presentó o te animó a que hablaras con ella, ¿cierto?

Es probable que la marca del carro que manejas la escogieras porque alguien que conociste manejaba un carro igual y te gustó.

Incluso tu restaurante favorito; puede ser que alguien te invitó primero y después decidiste seguir visitándolo.

Podríamos seguir la lista, pero solo te comento esto para que te des cuenta cómo es que las personas influyen en nuestra vida.

Es así que, con la llegada y retirada de personas, nuestra vida va tomando distintos rumbos.

Las personas son el mejor recurso que el Creador nos regaló.

Por eso, lo mejor es que todo el tiempo estés dispuesto a valorar a la gente, porque nunca sabes si la siguiente persona que conocerás será el medio de transporte que Dios está usando para hacerte llegar esa bendición que tanto has esperado.

Mantente alerta y bien dispuesto a dar el primer paso hacia una amistad, teniendo en cuenta que tu trabajo es agregar algo bueno a las personas que a ti se acercan.

Después de todo, lo bueno que tú das a los demás te beneficia más a ti que a ellos, porque ellos son una ayuda adecuada para ti.

Te comento que han sido varias las ocasiones en las que he conocido personas que nunca fueron valoradas, estaban viviendo su vida creyendo que nunca harían algo bueno.

No es bueno que estés solo

Pero cuando comienzo a platicar con ellos, descubro fácilmente el potencial que tienen en su interior; ellos no lo saben porque siempre se juntaron con personas que solo les decían lo malos que son. Siempre es más fácil enfocarnos en las debilidades y no en las fortalezas que las personas pueden tener.

Cuando me propongo a ayudar a alguien, primero lo escucho y hago preguntas para darme cuenta de cómo se encuentran las personas. Después, trato de identificar una cualidad buena. Una vez identificada, le pido que solo nos enfoquemos en esa virtud. Es decir que puede tener cien cosas malas, pero por seguro también una cosa buena debe tener; por eso le pido que en los próximos días solo nos enfoquemos en esa cualidad buena que tiene.

Pensamos y platicamos cómo puede fortalecer esa virtud, cómo eso puede ayudarle a desarrollar proyectos o negocios; nos enfocamos tanto en eso que, de repente, esa única cosa buena comienza a transformar las cien cosas malas. Puedo ver en cuestión de meses cómo una persona puede transformarse de alguien que creía que no podía hacer nada, a una que cree que todo es posible.

Ver este tipo de milagro en una persona me llena de alegría e inspiración. Pero lo mejor es que me he rodeado de amigos así.

Lo digo con humildad, y solo para enseñanza de este tema, que la mayoría de mis amigos cercanos son personas exitosas, trabajan por su propia cuenta, esto les permite ganar más dinero y sobre todo tener más tiempo libre.

Pero algunos de ellos no eran así cuando los conocí, sino que poco a poco se fueron desarrollando y descubrieron que sí había demasiadas cosas buenas en ellos.

Muy seguido, estos amigos me llaman para charlar y contarme lo bien que les va. A veces me regalan viajes, me mandan algún cheque, o mandan a sus trabajadores a hacerle mejoras a mi casa.

Me imagino que no tengo que explicarte lo afortunado que me siento por esto.

Es así como las personas se vuelven la ayuda correcta, tú les ayudas con tus dones y talentos y las personas te ayudan a ti con los de ellos.

Tú también puedes ser una ayuda adecuada para los demás, si aprendes a ver solo lo bueno de la gente.

Piensa que no tienes que convencer a las personas de que tienen cosas malas; ellos ya lo saben, porque desde niños se los decían. Tu trabajo es identificar sus buenas virtudes y luego convencerlos de trabajar en ellas.

En realidad no es tan difícil.

Solo tienes que esforzarte en cambiar la expectativa de que las personas no son confiables, porque ya existen muchas personas pensando de esa manera. Tú puedes aprender a ver las cosas de manera diferente.

Por ejemplo, la gente que cree que las personas son malas y que no se deben valorar son, por lo general, personas egoístas que siempre esperan recibir algo de los demás.

Son esos que siempre exigen que se les escuche, se les comprenda y se les ayude en todo.

Pero debes entender que no se puede cosechar sin sembrar y cultivar primero. Es decir que, cuando alguien llega a tu vida, tú deberías ser el primero en ser la ayuda adecuada para esa persona. Aun si las personas no lo valoran, tú estarás cumpliendo la misión de ser esa ayuda que Dios creó para los demás.

Cuando hablamos de ayuda, solemos pensar solo en lo material, pero la verdadera ayuda para una persona es enseñarle su valor, motivarla siempre con el ejemplo a ser mejor cada día y hacerle sentir que estamos ahí para que nunca se sienta solo. Después de todo, para eso fuimos creados.

Puede que seas tú la persona que Dios está usando para terminar con el desánimo y la soledad que alguien esté sintiendo y, por experiencia propia, te quiero decir que cuando tú eres bendecido por alguien, es algo muy bonito.

Pero cuando tú eres la bendición, es algo muy poderoso, definitivamente es otro nivel.

Por eso, no esperes a tener motivos para sentirte motivado a ser la ayuda adecuada para alguien, solo piensa que para eso fuiste creado. A veces suele ser difícil, pero será más fácil si tienes en cuenta de que todo esto se logra cuando decides amar a las personas. Claro que no es algo sencillo, pero después de todo nos llenaremos de resentimientos, rencores y nos aislaremos pensando que nadie nos comprende si no amamos.

No es bueno que estés solo

Recuerdo que antes de aprender estas cosas, yo también, como miles de personas en el planeta, me sentía muy solo; aunque a diario hablaba con mucha gente en mi trabajo y tenía una familia muy grande, sentía ese vacío que causa la soledad. Estoy seguro de que sabes de qué estoy hablando, porque en algún momento a todas las personas nos puede suceder algo así.

Esto pasa porque no sentimos sinceridad en los demás, pensamos que si alguien se acerca a nosotros es con algún interés y que si no lo consiguen se apartarán de nosotros, por eso es que muchas de las veces preferimos tomar cierta distancia.

Pero recuerda las palabras de Dios. No es bueno que estés solo. No es bueno que te alejes, aunque a veces es difícil la convivencia con los demás. Aun así, lo mejor será que estés cerca de alguien a quien puedas amar y permitir que te amen a ti también.

Recuerda que no todas las personas son iguales; quizás alguien traicionó tu confianza, pero otras personas han sido sinceras contigo y te han ayudado mucho. A lo mejor alguien te hizo llorar, pero hubo alguien más que te abrazó y prestó su hombro para que tú derramaras esas lágrimas de dolor y pudieras sanar de todo aquello que te hacía daño.

Tal vez no tuviste esos papás que te hubiera gustado tener, pero tuviste a tu lado personas que te apoyaron y te ayudaron cuando más lo necesitaste.

Puedes darte cuenta ahora que, cuando alguien fue malo contigo, muchos fueron buenos y fueron esas buenas personas la ayuda adecuada que Dios te mandó para que no estuvieras solo.

Piensa que no es bueno para ti vivir solo recordando aquellas personas que te hicieron daño; ellos ya no podrán lastimarte a menos que tú lo permitas.

No vivas aferrado, solo pensando y observando lo malo de la gente, en lugar de eso mejor piensa en todos aquellos que han sido buenos contigo.

Anímate a sanar todas las heridas del pasado causadas por aquellos que ya ni siquiera están en tu vida, para que tú también puedas ser una ayuda adecuada, enviada por Dios a una persona herida.

Pero ten en cuenta de que ningún herido sana a otro herido.

CÓMO AMAR A LAS PERSONAS

Asegúrate de que las heridas de tu pasado están cerradas y, si no fuera así, debes saber que la mejor medicina para tus heridas es el perdón.

Decide perdonar, no porque ellos lo merezcan, sino porque es lo mejor para ti. Libérate tú y libera de cualquier rencor a todos los que te hirieron; si ellos no supieron amarte y valorarte, anímate a amarlos tú, porque tú eres diferente y estás aprendiendo a través de este libro que no es bueno que tú estés solo.

Esto es algo que las personas que te hicieron daño ignoran.

Recuerda siempre lo siguiente:

- No es bueno que yo esté solo.
- Las personas son la ayuda adecuada que Dios hizo para mí.
- Las personas son el medio de transporte que Dios usa para hacerme llegar mis bendiciones.
- Las personas son un regalo de Dios para mí.
- Tengo que esforzarme para enfocarme solo en las virtudes buenas de las personas.
- Con mis dones y talentos puedo ayudar a los demás y los demás me ayudan con los de ellos.
- Tengo que mejorar todos los días para ser la ayuda adecuada para alguien.
- Dejaré de sentir el vacío que provoca la soledad cuando comience a valorar a las personas.
- Tengo que recordar que cuando uno fue malo conmigo, muchos fueron buenos.
- Ningún herido sana a otro herido, por eso tengo que sanar yo.
- Tengo que perdonar, no porque las personas lo merezcan, sino porque es lo mejor para mí.

Capítulo 6: BAJO AUTOESTIMA

El tema de la baja autoestima es muy relevante cuando se trata de mejorar nuestras vidas. Esto es importante porque, hoy en día, son cada vez más las personas víctimas de las cosas que se han mencionado en los capítulos anteriores.

Cada día aumenta más el número de personas que viven ofendidas por todo; esto es alarmante, porque existen personas que se ofenden hasta por una foto que algún conocido publica en las redes sociales.

La verdadera razón por la que muchas personas viven ofendidas es solo por su baja autoestima, es por eso que son inseguras y piensan que todos quieren, de alguna manera, hacerles daño.

Pero si pensamos con detenimiento nos daremos cuenta de que la raíz del problema está en la falta de amor propio.

La baja autoestima significa no aceptarse ni amarse a sí mismo. Es por eso que si tú de verdad quieres vivir libre y no sufrir el problema de la baja autoestima, no tienes otra alternativa más que amarte.

Esa es la única solución para ese problema, porque no importa si buscas ayuda con psicólogos, vas a terapia o escuchas muchos audios de superación personal; si no consigues amarte nada funcionará.

La baja autoestima es como un cáncer que se alimenta de pensamientos negativos y se fortalece cuando te convences de que todos te odian o que solo fingen amarte; también te hace creer que eres insuficiente, que eres una persona fea y que todos son mejores que tú.

Alguien con baja autoestima es muy inseguro y, si se encuentra en una relación de pareja, es muy probable que los celos lo atormenten todo el tiempo.

Pero es aún más terrible cuando vive creyendo que todas las personas son sus enemigos y que planean de forma constante hacer algo en su contra.

Deberíamos entender que, si no decidimos salir de esta situación, nos convertiremos en nuestros propios enemigos.

Somos nosotros mismos quienes más daño nos hacemos, porque no sentimos amor propio.

Esta es la razón por la que no nos aceptamos, no nos gusta nuestro físico o el color de piel que tenemos. Quizás no te gusta tu nombre, tu apellido, tu nacionalidad y así podemos seguir la lista.

Pero recuerda que existe un mandamiento que dice: debes de amar a los demás, así como tú te amas.

Entonces, imagina cómo estás valorando a las personas si todo depende de cuánto te valoras a ti.

Espero que no sea el caso, pero si un día te ves afectado por esto que estamos hablando, quiero compartirte algunas cosas que te van a ayudar a salir de ese vacío oscuro llamado baja autoestima, que es como un enemigo que domina a un gran número de personas y les hace creer que nada vale la pena.

Lo primero que tenemos que hacer para vencer a este enemigo es dejar de darle más importancia de la que tiene.

Como ya dijimos, la baja autoestima se alimenta y se fortalece de los pensamientos negativos. Por eso debemos pensar con claridad y ser conscientes de que la vida es muy bonita, pero no es sencilla. Es muy común, incluso necesario, que en ocasiones vengan problemas a nuestra vida.

Somos parte de toda una creación que está sujeta a cambios. Solo mira a tu alrededor y te darás cuenta de cómo todo lo que existe pasa por ese proceso.

Para no aburrirte mucho con esto solo toma en cuenta a los árboles: son muy bonitos cuando se encuentran verdes, algunos se miran hermosos al estar llenos de flores, sin embargo, no todo el tiempo están así; ellos también tienen que sufrir el proceso del cambio de las cuatro estaciones del año: primavera, verano, otoño e invierno.

Estas estaciones afectan la imagen de los árboles. Por ejemplo, cuando llega el invierno, a la mayoría de los árboles se les caen las hojas, se miran secos y dan el aspecto de estar muertos, pero luego llega la primavera y florecen otra vez.

Podríamos pensar que lo mejor sería que los árboles se mantuvieran verdes y llenos de flores, porque eso los hace ver más bonitos, pero el creador de los árboles sabe qué es lo mejor para ellos.

Por eso mandó el invierno, porque de esa manera se caen las hojas; estas, al caer en la tierra, se pudren y así se convierten en el fertilizante que el árbol necesita para seguir con vida.

Entonces, podemos decir que el invierno viene a ser una parte importante para la existencia de los árboles. Aunque este destruya la belleza de la imagen de un árbol verde y frondoso, la realidad es que los está fortaleciendo para que, cuando llegue la primavera, estos florezcan con más fuerza.

Con las personas sucede exactamente igual: tenemos el mismo creador que los árboles, por lo que también es necesario que pasemos por el proceso de los cambios.

Es aquí donde quiero que te des cuenta de que, en realidad, la baja autoestima no es tan fuerte como la gente suele creer y tampoco es una desgracia para la persona que la llega a sentir.

Lo cierto es que forma parte de un proceso de cambio que los seres humanos necesitamos para fortalecernos.

Es como un invierno que de repente llega y nos hace sentir y vernos como esos árboles sin hojas y secos, con un frío interior.

En esos momentos nos cuesta mucho aceptarnos como somos: no estamos contentos con la imagen de nuestro cuerpo o con nuestra nacionalidad, casi nada nos gusta de nosotros, ni siquiera nuestro nombre o apellidos.

Pero solo mira a los árboles: ellos no se quedan viviendo en el invierno, sino que deciden florecer otra vez cuando llega la primavera.

Solo imagina qué sucedería si los árboles se amargaran por el proceso del invierno y decidieran no florecer más, porque creyeron que su vida ya no tenía sentido y que lo mejor sería no haber nacido.

Seguramente la tierra no se vería igual. Ya no podrías ir al parque y disfrutar de una bella sombra, ya nunca mirarías el color de las flores, no estarías motivado para tomar una foto de esos coloridos paisajes.

Usando más nuestra imaginación, si tuvieras la certeza de que los árboles pudieran escuchar, probablemente les preguntarías:

—¿Qué pasa con ustedes? ¿Acaso se volvieron locos? Tienen que florecer, el invierno ya terminó.

Tratarías de convencerlos de que su naturaleza es florecer en la primavera y que los inviernos son necesarios para que, con la caída de sus hojas, se fortalezcan.

Los árboles y los seres humanos somos creación del mismo creador. Como se dice por ahí: estamos hechos por la misma mano.

Si los árboles pueden volver a florecer después de una mala temporada, tú también puedes hacerlo.

Así como el invierno es necesario para un árbol, también es necesario que tú atravieses momentos difíciles para que puedas fortalecerte.

Esto quiere decir que lo que ahora te puede estar atormentando, en realidad llegó para fortalecerte.

Puede ser que estés pasando por un invierno en tu vida, pero recuerda que solo es una temporada que pronto terminará y saldrás más fuerte.

Pero también puede ser que tu invierno haya terminado hace mucho tiempo y tú insistas en no salir de ahí. Sigues creyendo que no podrás volver a levantarte, que lo que te pasó te marcó de manera que nunca podrás volver a ser igual.

En tu interior sabes muy bien que eso no es así, sabes que eres más fuerte que esos pensamientos que ahora te deprimen.

Solo toma la decisión de florecer otra vez, convéncete de que la baja autoestima no es tan fuerte como parece, solo date cuenta de que las cosas que te dañaron en tu pasado ya no tienen la misma fuerza en tu presente. Todo lo que te sucedió se quedó en el pasado, pero tú tienes un futuro que vivir.

Por eso, te animo a florecer otra vez.

Sé perfectamente de qué te estoy hablando porque, desde que tengo uso de memoria, recuerdo que siempre escuché a los demás niños burlarse de mí, por mi aspecto físico. Además, yo no pude hablar de forma fluida hasta los nueve años; eso aumentaba el *bullying*, no solo en la escuela, sino en mi casa. Seguido escuchaba cómo se referían a mí en son de burla por la manera en que me comunicaba.

Comencé a hablar casi a los diez años y mi voz era demasiado delgada, sonaba como un niño de tres años. Eso les provocaba risa a todos los que me escuchaban.

Tanto afuera como adentro de mi casa tenía que enfrentar el *bullying* todos los días.

Después de algunos años mi voz mejoró, pero yo no mejoré.

Bajo autoestima

Cuando cumplí dieciocho, aún era demasiado tímido y nunca hablaba con nadie por miedo a la burla.

Nunca me atreví a comer enfrente de alguien, porque me daba mucha vergüenza. Jamás hablaba con alguien que no fuera alguno de mis hermanos.

Mis hermanos y sus amigos salían a pasear y me invitaban, pero yo nunca salía porque tenía miedo de que alguien me preguntara algo y yo me viera en la obligación de contestar. Pensaba que al escuchar el tono de mi voz iban a reírse y a burlarse de mí, aunque para ese tiempo mi voz ya estaba normal.

En otras palabras, mi invierno ya había terminado, pero yo no quería dejarlo ir. Seguía aferrado a él.

Lo que más me duele es que perdí lo mejor de mi adolescencia y juventud por no tener a alguien que me ayudara a salir de esa baja autoestima, como yo lo estoy haciendo contigo en este momento.

Aunque no me gustaba mi estilo de vida, no tenía el valor para vivir de otra manera; ni siquiera sabía cómo hacerlo.

Ahora estoy escribiendo esto, con la esperanza de que te sirva de algo a ti.

Quiero terminar de contarte mi historia diciendo que, a esta altura de mi vida, me he dado cuenta de que yo no fui culpable de no haber podido hablar hasta los nueve años, pero sí soy culpable de no abandonar mi invierno cuando pude hacerlo, es decir, cuando ya mi voz estaba normal y los demás me invitaban a salir para disfrutar mi adolescencia.

Yo me aferré a mi amargura y le di todo mi poder a la baja autoestima, de manera que estaba vivo deseando estar muerto.

Pero doy gracias a Dios porque ese tiempo ya pasó y estoy aquí para ayudarte a que recobres el ánimo y pedirte que tengas fe para que salgas de cualquier baja autoestima que esté afectando tu vida.

Nadie tiene el poder de destruirte. Tú eres quien decide cómo vas a vivir de ahora en adelante.

Tampoco eres culpable de lo que te pasó, pero sí eres culpable de cómo estás reaccionando después de eso.

Piensa que tienes una vida y un futuro por delante y que vivir amargado no solo te afecta a ti, sino también a las personas que amas.

Seguramente tienes familia y nunca desearías que les sucediera lo que te sucedió a ti, pero si no te atreves a sanar, a tener amor por ti mismo y decides seguir con baja autoestima, los estarás dañando a ellos también.

Por eso es de suma importancia que aprendas a amarte. Si vives hablando y pensando mal de ti mismo, seguirás hablando y pensando mal de los demás, porque los amarás como te amas a ti.

Pero si aprendes a aceptarte y a amarte tal y como tú eres, también podrás amar y aceptar a las demás personas. Esto te convertirá en una persona feliz y más segura.

Por eso te animo a que tomes la decisión de amarte y respetarte a ti mismo. No te dejes llevar por tus debilidades, sé valiente para que puedas vencer esos enemigos internos.

La mayoría de las veces, nuestros peores enemigos viven dentro de nosotros mismos y son ellos los que nos mandan esas voces que nos dicen:

—Tú no vales nada, eres feo, eres anticuado, te miras mal, eres un fracasado, todos se burlan de ti.

Y así, un sin fin de cosas.

Pero recuerda que solo tú tienes el poder de callar todas esas voces. Es como cuando eras un niño y sentías que había un monstruo debajo de la cama: no importaba que mamá dijera que no había nada ahí; mientras tú alimentabas esos pensamientos, seguías lleno de miedo.

Pero ahora, ya de grande, sabes que ese monstruo nunca existió; fuiste tú mismo quien le dio vida, dando lugar en tu corazón a esas voces internas que te llenaban de miedo, pero ahora en lugar de miedo te da risa recordar que eso te asustaba.

De la misma manera, si decides amarte a ti mismo, podrás vencer esas voces y esos pensamientos que te quieren derribar y condenarte a una vida llena de amargura, de dolor y de fracaso.

Hoy es el día perfecto para que decidas derrotar a tus enemigos internos. Verás que muy pronto llegará el día en el que vas a poder reírte de esos pensamientos que ahora te atormentan.

Vas a darte cuenta de que, lo que tú creías que te quería dañar, en realidad nunca existió y que eras tú quien permitió que eso te lastimara.

Bajo autoestima

Puede ser que lo que te origina tener baja autoestima sea la práctica de algún vicio a una sustancia, o algunos malos hábitos que te hacen daño y que no puedes dejar de hacer y te hacen pensar que nunca podrás escapar de ellos.

Pero quiero que te convenzas de que tú estás completo y eres capaz. Si tomas hoy mismo la decisión de amarte, podrás abandonar esos vicios y esas prácticas que te encaminan a vivir una vida desordenada y llena de miseria.

Ten en cuenta que ningún vicio es más poderoso que el amor; por eso, siempre el arma más poderosa que tendrás para vencer todo lo que te hace daño es el amor propio.

Comienza a valorarte y a amarte, verás que muy pronto, de tu interior, comenzará a nacer una fuerza de voluntad más grande que tú y más fuerte que tus debilidades. Cuando te veas tentado a hacer eso que te hace daño, sentirás cómo tienes dominio propio para decir:

—¡Basta! ¡No más! No permitiré hacerme más daño.

Serás testigo de que el amor propio no se puede explicar, pero es más fuerte que cualquier vicio y capaz de hacer cosas que a simple vista parecieran ser imposibles.

Hablando de imposibles. Solo mira un momento a tu alrededor y nota lo que los seres humanos hemos logrado hacer.

Tenemos aviones, carros lujosos, internet, grandes avances en conocimientos de medicina, grandes ciudades modernas, empresas que generan mucha riqueza, etc.

Eso es más difícil de hacer, que salir de una baja autoestima. Si podemos hacer grandes esfuerzos para crear inventos que hacen que nuestra vida sea más fácil, ¿por qué no hacer un esfuerzo para que tu vida tenga más sentido?

Para concluir este tema te pido que no olvides que, si tomas la decisión de hacer lo que aquí estás aprendiendo, el amor propio se hará más fuerte que tú.

Si en algún momento te ves tentado a hacer algo que te hace daño, verás cómo de tu interior nacerá una fuerza que te dará el poder para acabar con todas esas cosas que hasta ahora no has podido vencer.

Para que lo logres, nunca olvides lo que ya leíste en los primeros capítulos de este libro: Que el amor no es un sentimiento, sino una decisión y un compromiso de amarte a ti mismo.

Notas para recordar y compartir:

- La raíz que alimenta la baja autoestima es la falta de amor propio.
- Si no termino con mi baja autoestima, ella terminará conmigo.
- La baja autoestima no me permite amar a las personas de la manera correcta.
- Soy víctima de la baja autoestima cuando me aferro a las malas temporadas que viví.
- La baja autoestima no tiene más poder del que yo decido darle.
- Si hoy decido amarme lo suficiente, la baja autoestima me abandonará.
- Si decido vencer la baja autoestima, también venceré mis debilidades.
- El amor propio es más fuerte que la baja autoestima.
- El amor no es un sentimiento, sino una decisión.

Capítulo 7: LA DEPRESIÓN

Aunque este es un tema demasiado intenso y, en cierto modo, controversial, es algo que se tiene que hablar, porque puede ser que tú o alguien que conoces pueda atravesar por esta terrible enfermedad.

Es mejor estar preparado porque, igual que la baja autoestima, la depresión es un enemigo terrible que en estos tiempos modernos mantiene a un número gigante de personas creyendo que su vida no vale nada.

Lamentablemente, muchas personas no pueden combatir con él y terminan quitándose la vida.

Aunque existen centros de ayuda para ayudar con este tipo de problemas, no están siendo lo suficientemente efectivos para tratarlo, porque cada vez son más las personas que, aun recibiendo terapias, siguen sintiendo que están deprimidas.

Aun en los lugares de culto a Dios, como las iglesias y otras organizaciones religiosas, tienen que atender cientos de casos de sus feligreses que atraviesan por esta terrible enfermedad, pero tampoco han sido tan efectivos como se requiere.

La depresión es tan agresiva que no importa la edad o el sexo de una persona, siempre trata de terminar con la vida del individuo.

Los síntomas de la tristeza que provoca una depresión no solo los sufre el que la tiene, sino toda la familia. Por ejemplo, cuando la depresión la tiene un hijo que vive en casa de sus padres, este hogar se llena de tristeza, porque mamá y papá sufrirán mucho por mirar a su hijo sufrir de esta manera.

Sus hermanos, si es que los tiene, sufrirán aún más, porque además de mirar sufrir a su hermano, también tendrán que ver llorar a sus padres.

Incluso el matrimonio comienza a pasar por graves problemas causados por el mismo tema, esto debilita a toda la familia; viven la mayor parte del tiempo con el pendiente de no dejar solo al hijo deprimido, porque los casos a veces suelen ser tan alarmantes que podría quitarse la vida.

Tomando en cuenta los estragos que la depresión puede causar en una familia, y con la intención de ayudar, quiero que regresemos con las organizaciones que ayudan con estos casos y analicemos por qué no pueden ser efectivos como se requiere, cuando se trata de ayudar a las personas que sufren de la depresión.

Si averiguas, te darás cuenta de que la mayoría de estas organizaciones tratan estos asuntos desde un punto de vista psicológico; buscan encontrar una explicación científica para convencer a la persona que está siendo tratada a resignarse de que es víctima de su pasado y probablemente de la sociedad.

Pero, por los resultados que tienen, es muy fácil darse cuenta de que esto no está funcionando, porque las personas no somos máquinas ni experimentos científicos. No se necesita ser un experto o tener un doctorado en la materia para darse cuenta de que lo que realmente sucede es que los seres humanos estamos tan deslumbrados por las cosas materiales, que hemos descuidado mucho las espirituales.

No me refiero a las cosas religiosas, sino a nuestro espíritu que viene a ser nuestra esencia, nuestra personalidad.

Como ejemplo, piensa que cuando eras un niño menor de cinco años, no sabías si eras rico o pobre. O si tu ropa era de una buena marca, o si tu casa era bonita o fea. Ni siquiera sabías lo que era un estatus social.

Para ti, lo único que importaba era comer y tener lo necesario. Y de ahí en adelante todo era jugar y ser feliz.

Si había algo que deseabas tener, no eran cosas materiales; solo te importaba tener cerca a las personas que eran importantes para ti. Eso era más que suficiente, porque aún eras un humano legítimo, auténtico y puro.

Pero, cuando fuiste creciendo, comenzaste a contaminarte; comenzaste a sentir deseos de obtener las cosas que antes no eran importantes. Pudieron haber sido cosas muy sencillas: unos zapatos que estaban de moda en ese momento, alguna prenda que todos tenían menos tú o cualquier cosa que no pudiste comprar. Fue ahí donde comenzaste a sentir y pensar que eras inferior a los demás.

Desde muy chicos aprendemos a querer tener lo que los demás tienen, no porque nos haga felices, sino porque queremos que los demás nos miren.

La depresión

Es decir, comenzamos a dejar de pensar por nosotros mismos, para depender de los pensamientos de los demás. Ya no queremos ser auténticos, originales, sino que nos aferramos a convertirnos en las personas que nuestros amigos quieren que seamos.

Renunciamos a lo auténticos que somos para parecernos más a los demás y de esa manera encajar en los grupos populares. Y así renunciamos a ser diferentes, nos condenamos a pasar desapercibidos, queriendo pertenecer a las masas de personas inconformes que no están contentos con nada, ni con el estilo de vida que tienen.

Pero prefieren seguir viviendo un estilo de vida que les guste a los demás, siguen siendo adictos y esclavos de las modas que están cambiando. Así es como los grandes negocios se aprovechan y lucran obteniendo grandes ganancias.

Quiero pedirte que pienses por ti mismo, para que te des cuenta de cómo los grandes comercios en el mundo han logrado convencernos de que no estamos completos sin los productos que ellos ofrecen.

Esta es la mayor razón por la cual una persona comienza a sentirse vacía, porque ya no nos basta lo que por naturaleza tenemos. No somos conscientes de lo afortunados que somos por tener vida, oxígeno, familia, comida, atardeceres, hermosos paisajes, ríos, lagos y todas las cosas que necesitamos para vivir y ser felices.

Aunque no es malo anhelar lograr y conseguir cosas materiales, el problema llega cuando creemos la mentira de que necesitamos las cosas para ser felices y queremos conseguir al precio que sea esas marcas lujosas de ropa, beber esa agua embotellada con un precio muy caro.

Hemos cambiado el amor de la familia por conseguir seguidores en las redes sociales; la comida en casa ya no es tan buena como la de un restaurante caro.

Un hermoso paisaje o un atardecer ya no es tan atractivo como la pantalla de un celular.

En otras palabras, hemos cambiado lo real por la fantasía. Vivimos plenamente convencidos de que son las cosas materiales las que nos harán sentir satisfechos y se nos hace muy fácil reemplazar lo valioso por lo corriente.

Solo piensa cómo es que a una persona le preocupa más el comentario que un desconocido publica en sus redes sociales, que los comentarios que su familia tiene que decir. Vivimos en tiempos en donde las personas le damos más valor a lo malo que a lo bueno.

Hoy vemos a tanta gente deprimida porque en algún momento permitieron que los 'te odio' de los demás tuviera más valor que los 'te amo' de sus familias.

Cuando un desconocido comenta algo malo acerca de nosotros, o de nuestros negocios, tratamos de explicar y convencerlos de que vamos a cambiar y a ser mejores, pero cuando nuestro cónyuge dice algo que no le gusta, nos ofendemos y le gritamos que no nos importa.

Pensamos que la vida se trata de tener dinero, casas, carros, fama y la admiración de toda la gente. Esta es una idea equivocada para vivir nuestras vidas.

¿En qué momento creímos la mentira de que las cosas sin vida nos harán sentir que estamos vivos?

Por eso las organizaciones fracasan en sus intentos de ayudar, porque en lugar de concientizar a las personas de estas cosas ya mencionadas, solo las motivan para que acepten su realidad y sean felices aún con ese vacío que están sintiendo.

Es verdad que los animan a ser valientes, pero de la manera equivocada. Porque pretenden animar a las personas a ver como normal las cosas que los dañan, a vivir tratando de encajar e integrarse en una sociedad que no tiene amor propio, acostumbrarlos a ese vacío que sienten en su pecho y depender de terapias y ayuda psicológica por el resto de su vida.

Se parece como cuando a un niño le duele algo y se pone a llorar, va contigo, lo abrazas, lo consuelas y lo animas a que deje de llorar. Para motivarlo, le dices que le darás algo a cambio.

Claro que esto hará que un niño deje de llorar, pero no lo ayudarás, porque si de verdad tu intención fuera ayudarlo tendrías que hacerlo consciente de que la vida es así, que debe estar preparado porque, muy seguido, va a tener que atravesar por mucho dolor.

Por ejemplo, los niños para divertirse siempre están corriendo y subiéndose a superficies altas para brincar y muy seguido se lastiman. Es ahí donde deciden ir con sus padres para que los consuelen o les digan cosas que alivien su dolor.

La depresión

Si fuéramos más responsables con los niños, no los consolaríamos tanto. Siendo realistas, nuestro deber es explicarles que ese es el precio que se paga por ser feliz. Es decir, que la vida no es algo sencillo; no todo es felicidad. Puedes divertirte corriendo y saltando, pero estás expuesto a caerte y sufrir dolor. En otras palabras, el dolor no es una desgracia, sino que es parte de nuestras vidas.

Dejemos de vivir pensando que la vida es como la vemos en las películas donde el protagonista siempre gana. No es así en la vida real. En nuestra vida vamos a perder la mayoría de las veces, pero depende de nosotros no rendirnos y rehusarnos a vivir como perdedores.

Es mejor decidir ser valientes, sabiendo que somos felices, pero que en algún momento tendremos que sufrir también.

Que la vida es así: a veces se ríe, a veces se llora. Como dicen por ahí, a veces se gana y a veces se pierde, pero siempre se aprende.

Las personas sabemos que en este planeta se habla de Dios y del diablo, del cielo y del infierno, del frío y del calor, de la noche y del día, la vida y la muerte. También debemos saber que es necesario atravesar por la alegría y tristeza, felicidad y dolor, tiempos buenos y malos, momentos de risa y momentos de dolor.

En fin, si queremos terminar con este enemigo, debemos de trabajar de forma ardua para crear conciencia en las personas de que, mientras estemos vivos, es normal pasar por sufrimiento; a veces puede ser doloroso, pero eso no significa que seamos desdichados. Ni que sea el fin.

Si las organizaciones que ayudan a personas con depresión quieren ser más efectivas, tendrían que animar a las personas a volver a ser auténticos, es decir, que dejen de ver lo que los comercios quieren que veamos y comiencen a ver su interior. Se darán cuenta de lo valioso que es estar vivo, percibirán el latido de su corazón y verán que no necesitan un cargador como los celulares para que ese órgano se esté moviendo día y noche.

Haciendo eso, quizás una persona deprimida se dé cuenta del milagro que existe todos los días en su interior y pueda ver que no es un número más en un sistema; quizás se convenza y se dé cuenta de que su vida tiene valor y no depende de ningún avance tecnológico, o de las cosas que no puede comprar.

Tendrían que ayudarlos a tener amor propio para que sean valientes y llevarlos a la independencia de las cosas materiales para que sean libres y legítimos, como cuando eran niños que no sabían nada de ser ricos o pobres y lo que realmente importaba era ser feliz, con lo poco o mucho que un niño pudiera tener.

Es más fácil vencer la depresión si tienes en cuenta lo siguiente:

- Tengo que vencer la depresión, porque esta debilita a toda mi familia.
- Soy propenso a tener depresión cuando me olvido de ser legítimo.
- La depresión se hace fuerte para mí cuando solo anhelo tener lo que los demás tienen.
- Las cosas que por naturaleza ya tengo son más valiosas que las que puedo conseguir.
- Siempre me rehusaré a acostumbrarme a las cosas que me hacen daño.
- Las cosas muertas no me harán sentir vivo.
- El dolor no es una desgracia, sino que es una parte que necesito para aprender.
- La vida no es como una película donde el protagonista siempre gana.
- Existe un milagro en mi pecho que no deja de moverse. No necesita de ningún avance tecnológico para hacerlo.
- El amor propio me conduce a mi independencia de las cosas materiales.

Capítulo 8:
LA DEPRESIÓN NO ES INVENCIBLE

Quien quiera que seas tú y donde quiera que te encuentres en este momento leyendo este libro: si estás atravesando por un momento de depresión, o algún día atraviesas algo así y sientes que nada tiene sentido y piensas que ya no puedes con tu vida, te pido por favor que no te des por vencido. Recuerda que rendirte siempre será lo más fácil, pero no es lo que los valientes hacen.

Estoy seguro de que, a lo largo de tu vida, has vencido muchos obstáculos que han querido impedirte avanzar y ser feliz. Reconoce que eres valiente, ya que estás de pie y sigues avanzando en el camino a convertirte en una mejor persona.

Puede ser que estés atravesando por una depresión porque te has dejado controlar por circunstancias de la vida; es decir, que si todo va marchando bien, entonces te sientes bien, pero si las cosas no salen como las esperabas, entonces pierdes tu paz y comienzas a desesperarte, te llenas de ansiedad y sientes mucho miedo de no saber qué va a sucederte en el futuro.

Pero piensa que nada está escrito y que todo está sujeto a cambios. No tenemos control de nada externo a nosotros.

No puedes esperar a que las circunstancias cambien para sentirte mejor. Si solo esperas las buenas temporadas de tu vida para ser feliz, entonces en las malas temporadas serás la persona más desdichada y digna de dar lástima.

Por eso te pido que lo aceptes de una vez: tú eres capaz de mantenerte firme y confiado pese a que las cosas no salgan como las planeas.

Si no puedes lograr cambiar las circunstancias que te roban tu paz, cuando menos no te entregues al dolor; no abras puertas depresivas.

Piensa que las circunstancias son como las cuatro temporadas del año: siempre llegan, pero no para quedarse, sino que están de paso.

Así mismo pasa con los malos momentos que en ocasiones tienes que atravesar.

Puede que sean momentos muy dolorosos, pero pronto tu temporada cambiará y verás que así como la noche se termina cuando sale el sol, también tu dolor terminará cuando nazca en ti la esperanza de que pronto encontrarás una salida para ese problema que estás atravesando.

Se ha visto muchas veces que una persona es víctima de la depresión cuando pone su felicidad en manos de la gente, es decir, que su estabilidad emocional depende de las buenas o malas acciones de las demás personas.

Esto es algo terrible, porque vivir este estilo de vida nunca les permite ser felices. Viven una vida tan inestable que siempre están inseguros, nada les complace, siempre miran algo malo en todas las cosas y todo esto conduce a una tristeza extrema en la persona.

Te cuento esto para que no permitas que te suceda a ti. No dependas de las acciones de nadie, ni siquiera de tu pareja.

Es un grave error poner tu felicidad en manos de un ser humano.

Como ya dijimos antes, los seres humanos somos expertos en cometer errores y es casi seguro que te decepciones.

Incluso me atrevo a decir que las heridas que tu cónyuge te ha causado no son intencionales, sino que los humanos cometemos ese tipo de errores por no tener amor propio y no saber cómo amar a nuestro prójimo. Pero quien puede poner un alto a tu maltrato emocional, no es nadie más que tú.

Date cuenta de una vez por todas, que eres tú y nadie más quien puede tomar la decisión de liberarte de la depresión, porque aunque busques ayuda profesional no te quitarán esa carga, lo único que harán es convencerte a ti de tomar la decisión de salir de ese sentimiento depresivo que te hace sentir mal.

Por eso no pierdas tiempo ni dinero esperando a que suceda. Mejor toma ahora mismo la responsabilidad de tu felicidad, quítales a los demás el poder de tus emociones.

Libera también a los que están cerca de ti, deja de pensar que son ellos los responsables de tu dolor. Sus acciones no deben ser las que decidan cómo será tu estado de ánimo.

Deja de exigir que te amen o que te comprendan, porque eso siempre te hará sentir peor. Mejor esfuérzate por ser tú la persona que decide amar y comprender.

La depresión no es invencible

Así es como te darás cuenta de que es mejor ser la persona que tiene algo que dar a los demás y no estar del lado de los que esperan todo el tiempo recibir algo de la gente.

Decídete a ser esa persona valiente. Piensa que después de todo, si estás pasando por alguna mala situación, no significa que estarás así toda tu vida.

Tarde o temprano tendrás que levantarte de esta mala temporada, por eso hazlo cuanto antes.

Como dice ese viejo dicho: No dejes para mañana lo que puedes hacer hoy.

Piensa que entre más pronto decidas salir de la situación que te está limitando a ser feliz, mejor será para ti.

Cuando lo hagas te darás cuenta de que serás mejor que antes, porque todo esto te hará más fuerte.

Es como si la vida te estuviera preparando para tu futuro. Quizás ahora no ves una salida, pero muy pronto sabrás que todo lo que te pasó fue por una razón y que todo lo que te está sucediendo es como una escuela que te enseñará a vivir mejor tu vida. Es en los momentos difíciles en donde se aprende a tener fe y a darte cuenta de qué eres capaz.

Solo piénsalo un momento y te vas a dar cuenta de que las malas temporadas de tu vida han sido las que te han ayudado a ser más Inteligente, te han dado más experiencia y, sobre todo, te han hecho más fuerte.

Porque los buenos tiempos se disfrutan, pero en los malos tiempos se aprende.

Estoy seguro de que tus áreas fuertes las has conseguido porque has tenido que atravesar tiempos difíciles de los cuales, en su momento, creíste que no podrías soportar más.

Es probable qué hayas atravesado situaciones en las que creíste que eras una persona desafortunada, pero venciste aún y cuando nadie creyó en ti. Aunque has tenido que enfrentarte a muchos problemas, aún tienes la esperanza de que las cosas mejorarán.

Por eso, si estás pasando por una depresión en tu vida, sientes que ya no puedes más y piensas que lo mejor es rendirte, te animo a través de estas letras a creer que tú puedes salir de eso. Ya lo hiciste en tu pasado y seguramente puedes hacerlo en tu presente.

Piensa que ya has vencido a muchos enemigos que han querido atormentarte y hacerte pensar que estás condenado a vivir desanimado y que eres un fracasado, pero tú has sido más fuerte y has acabado con ellos.

La depresión solo es un enemigo más, quizás un poco más fuerte pero no invencible. Si te decides, hoy mismo puedes acabar con él.

Recuerda cuando eras un niño e ibas a la escuela: en ocasiones te cansabas y peleabas con tu mamá porque ya no querías asistir a tus clases, pero tus padres te obligaban a estudiar. En su momento pensabas que era algo malo que te estaba pasando, pero ahora te das cuenta de que en realidad fue algo bueno, porque gracias a eso ahora puedes estar leyendo este libro, puedes leer los anuncios en las calles y también puedes trabajar con los números en tu trabajo o en tu negocio.

En resumen, lo que te atormentó en un tiempo te enseñó muchas cosas sin las cuales tu vida no sería la misma.

De la misma manera, cuando pasas por momentos malos recuerda que eso es tu escuela; que aunque no puedas verlo en el momento, con el tiempo vas a darte cuenta de que tu vida es buena gracias a lo que tuviste que atravesar.

Solo tienes que estar seguro de que las malas temporadas son una buena escuela para ti y creer con todo tu corazón que saldrás mejor que cuando entraste. De esa manera podrás vivir confiado, sabiendo que vendrán tiempos buenos y temporadas malas, pero con la seguridad de que nada acabará contigo, porque tú te conviertes en alguien mejor cada día.

Cada vez que no te rindes al dolor, más te fortaleces. Entre más fuerte eres, más aumentas tu capacidad para pelear tus batallas con una mentalidad de ganador.

Me gusta mucho mirar las películas de las antiguas guerras donde peleaban con espada y cuerpo a cuerpo con el enemigo, pero lo que más me llama la atención es que, cuando un ejército ganaba, no solo celebraba la victoria, sino que se llevaba un gran botín. Es decir, que se quedaba con todas las pertenencias del enemigo derrotado. Imagina que en la mañana un ejército valiente, pero pobre, salía decidido a pelear contra sus enemigos y por la tarde, después de vencerlos, regresaban siendo un ejército con muchas riquezas.

La depresión no es invencible

De la misma manera te sucederá si te decides a derrotar a esas cosas que ahora mismo te atormentan. Saldrás ganando porque tendrás más experiencia que cuando entraste a la batalla. Esto significa que cuando lleguen problemas a tu vida, en lugar de sentirte deprimido, verás una oportunidad para pelear y defender tus emociones. Cuando termine la batalla y tu actitud haya sido la correcta durante el problema, podrás saborear la victoria y vivir como un verdadero campeón experimentado en batalla.

Antes de terminar este capítulo, quiero encargarte que creas con todo tu corazón y siempre recuerdes lo siguiente:

- Soy valiente y venceré la depresión, la he vencido en mi pasado y lo haré en mi presente.
- No tengo que esperar a que las cosas cambien para dejar de deprimirme.
- No importa qué tan dolorosa sea mi situación, pronto las cosas serán mejor para mí.
- Si quiero vencer la depresión tengo que quitar mi felicidad de las manos de la gente.
- Solamente yo tengo el poder de poner un alto a mi maltrato emocional.
- El dolor de la depresión se debilita cuando tengo esperanzas de vencer.
- Las personas no son responsables de mi dolor.
- Exigir que los demás sean buenos conmigo me hará sentir peor.
- Es mejor ser alguien que tiene algo que dar, en lugar de tener que esperar a recibir algo.
- Mis malas temporadas me aportan más experiencia.
- Aunque me sienta solo, debo saber que realmente no lo estoy.
- Aunque sienta que la vida no vale nada, debo recordar que soy afortunado de estar vivo.
- Si la vida no ha sido buena conmigo, ya no tengo que esperar a que algo pase, sino que ahora sé que tengo el poder de hacer un cambio.
- Las temporadas buenas se disfrutan y de las malas se aprende.

- El dolor es como un gimnasio que me ayuda a mantenerme fuerte ante la vida.
- Soy más capaz después de vencer una batalla.
- Mis temores y mis miedos se apoderaron de mí un tiempo, pero ahora estoy aquí leyendo este libro y liberándome de todos esos miedos.
- La depresión solo es un enemigo un poco más fuerte, pero no es invencible.

Cuando termines de leer este capítulo quiero que te levantes y, aunque no lo sientas, toma la decisión de decir en voz alta:

- Yo soy suficiente, soy capaz, estoy completo, me amo, me acepto como soy, y mejoraré aún más para sacar lo mejor de mí.
- Seré yo y no alguien más quien mirará mi mejor momento.

Con la intención de enriquecer lo que ya hemos hablado, terminemos este capítulo con unas de las palabras que un día el ingenioso Charles Chaplin dijo en el discurso final de la película *El gran dictador*, en 1940:

"El camino de la vida puede ser libre y hermoso, pero lo hemos perdido. La codicia ha envenenado las almas. Ha levantado barreras de odio. Nos ha empujado hacia la miseria y las matanzas.

Hemos progresado muy deprisa, pero nos hemos encarcelado nosotros. El maquinismo, que crea abundancia, nos deja en la necesidad. Nuestro conocimiento nos ha hecho cínicos. Nuestra inteligencia, duros y secos. Pensamos demasiado y sentimos muy poco.

La depresión no es invencible

Más que máquinas, necesitamos humanidad. Más que inteligencia, tener bondad y dulzura. Sin estas cualidades, la vida será violenta. Se perderá todo."

Charles Chaplin

Capítulo 9: HERIDAS QUE TE ARRUINAN LA EXISTENCIA

Confío en que si has llegado hasta aquí ya has comprendido lo importante que es amarte a ti mismo y ya no te será difícil amar a la gente.

Debes tener en cuenta que no puedes evitar que las personas sean groseras contigo, pero sí puedes evitar que eso entre a tu interior. No permitirás que nada te dañe porque has aprendido a amarte. Los demás no tienen el poder sobre ti, a menos que tú se los permitas.

Aunque puedas tener miles de razones y motivos para vivir enfadado con las personas que te ofenden, el amor que sientes por ti es más fuerte y vencerá cualquier cosa que venga a querer lastimarte.

Mientras no estés lastimado, podrás amar a los demás, porque no podemos negar que una persona herida, tarde o temprano, tiende a herir también a aquellas personas que están cerca.

Como se dice por ahí: Cada quien da de lo que tiene en su interior.

La verdad es que si pretendes vivir tu vida sin heridas internas y amando a las personas, tienes que vivir un día a la vez.

Por eso, la tarea de cada día es asegurarte de que tu interior siempre se encuentre bien. Para lograrlo, asegúrate que eres una persona que perdona rápido todos los días, que habla poco y escucha mucho.

Antes de que vayas a dormir por las noches, asegúrate de no tener ningún resentimiento en tu corazón; no duermas sin antes poner en orden tus sentimientos para que por las mañanas despiertes con más energía y estés listo para elegir una vida libre de odio y sin dolor.

Te comento que cuando nació Mike, mi primer hijo, Jazmín y yo estábamos muy emocionados y queríamos ser los mejores padres para nuestro pequeño; sin embargo, un día que Jazmín había salido a trabajar, yo me quede cuidando a Maiky, como yo lo llamo, quien apenas tenía tres meses de haber nacido. Jazmín me había encargado mucho que no olvidara darle el medicamento al pequeño, se trataba de una medicina muy fuerte que ayudaba a Maiky a sanar un problema con su cabeza y solo había que poner una gota en un biberón lleno de leche. Cuando me dispuse a ser un buen padre y darle el medicamento a mi hijo, olvidé cómo tenía que hacerlo y le di una cucharada como si fuera un jarabe para la gripe. Pasaron apenas unos minutos y el niño comenzó a llorar con desesperación, yo llamé a Jazmín para que regresara a casa porque era evidente que mi hijo no estaba bien, pero no sabíamos qué era lo que le sucedía. Los tres pasamos una mala noche porque el niño no podía dejar de llorar y al día siguiente lo llevamos al hospital.

Después de hacer varios exámenes, los doctores dijeron que el estómago del niño estaba seriamente irritado, como si hubiera tomado algo muy fuerte. Fue entonces cuando Jazmín me miró con esa mirada que solo una madre enojada puede hacer; fue entonces que recordé que me había dicho que solo pusiera una gota de medicina en el biberón.

Yo me sentí muy mal al saber el daño que le había causado a mi hijo, la culpabilidad estaba acabando conmigo. Más tarde, Jazmín intentaba consolarme diciendo que, después de todo, yo no lo había hecho con malas intenciones, pero yo en ese momento no podía perdonarme el haber cometido ese error: era mi primer hijo y yo casi termino con su vida.

En fin, con esa situación aprendí a tener mucho cuidado con las cosas serias que pueden dañar a las personas que amo, me di cuenta de lo fácil que es lastimar a alguien aún y cuando no es lo que quieres hacer. Te comparto esta historia para decirte que, así como le sucedió a mi hijo Mike, quizás también tú tengas heridas internas causadas por un ser querido del cual nunca esperaste recibir algún daño.

Puede ser que hayas ocultado esas heridas por años, para no parecer una víctima a los ojos de los demás, y has aprendido a lidiar con el dolor que esto te provoca; aparentas que todo está bien y te escondes detrás de una sonrisa. Pero déjame decirte, querido amigo, que no es casualidad que hayas llegado hasta esta parte del libro; si estás leyendo esto, es porque llegó el momento de sanar.

Recuerda que tú no puedes regresar el tiempo para evitar aquello que te marcó y te ha hecho sufrir, pero sí puedes decidir, ahora mismo, que ya no te seguirá lastimando.

Heridas que te arruinan la existencia

No puedes permitir que las malas decisiones de las personas que te dañaron en el pasado te sigan lastimando en tu presente, anímate a sanar esas heridas internas. Como ya te dije antes, el mejor remedio para sanar por dentro es el perdón. Hazlo porque te amas lo suficiente como para vivir sufriendo y llorando por dentro.

A lo mejor piensas: 'Nunca podré perdonar a mi cónyuge por haberme sido infiel'. O quizás digas: 'Nunca podré perdonar la traición de mi socio, por las grandes sumas de dinero que perdí'.

Entiendo que tienes toda la razón de estar ofendido y enojado por lo mal que fuiste tratado, pero piensa que no vale la pena estar aferrado a vivir amargado, lleno de rencor y odio; eso solo te encadena a la miseria depresiva y controladora de tus emociones.

Vas a tener que amarte lo suficiente para liberarte de las acciones de los demás; piensa que ellos ya te hirieron mucho como para permitirles que te sigan lastimando.

Tienes que darle la vuelta a esa página de tu vida y continuar construyendo tu futuro sin rencores ni resentimientos.

Recuerda que tu pasado no define tu futuro. Aún hay mucho por lograr y conseguir, pero si tú sigues aferrado a las cosas que te lastiman no podrás conseguir lo que mereces.

Por ejemplo, piensa cuando no vas a trabajar porque te sientes enfermo. Te quedas en casa a esperar que el malestar desaparezca para poder continuar con tus actividades diarias, puede ser que solo necesites un día o una semana, pero eso te afecta financieramente porque no podrás cobrar los días que estás enfermo. Ahora imagina que pasan muchos días y no sanas; como necesitas el dinero, seguramente decidirás ir a trabajar aún sintiendo el dolor y malestar de lo que te aflige.

Pero imaginemos que tu jefe se da cuenta de que, debido a tu enfermedad, ya no eres tan productivo como antes y te despide. Ahora estás enfermo, sin trabajo y sin dinero.

Todo se pone peor cuando te ves forzado a pedir dinero prestado para pagar los gastos necesarios; piensas que pronto te recuperarás, pero la enfermedad no se va, así que terminas dependiendo de que las demás personas se compadezcan de ti y te ayuden mientras te recuperas. ¡Solo imagínate! Estás enfermo, desempleado, sin dinero, endeudado y a dispensas de la buena caridad de los demás.

Esto es terrible, ¿cierto? Sé que esto sería algo muy triste, pero no podrías hacer nada, pues tú no decidiste estar enfermo y tampoco decides cuando sanar, eso es algo que solo tu cuerpo, con la ayuda de la medicina, puede conseguir.

Pero pensando en esta trágica historia, date cuenta de que una persona emocionalmente enferma, con heridas internas, tiene resultados similares.

Existen personas lastimadas y heridas por cosas que le sucedieron en su pasado. Desde muy jóvenes sufrieron cosas como la pobreza, el abandono, el rechazo, abuso sexual por parte de un familiar, la muerte de alguien que amaban, una infidelidad por parte de su cónyuge, etc.

Una persona que no ha perdonado algo sucedido en su pasado puede sentir un tipo de sentimiento negativo que viene a ser como una enfermedad emocional y, así como el ejemplo de la historia anterior, puede vivir un tiempo pensando que después se sentirá mejor.

Pero pasan los años y, a pesar de estar herido, decide formar un matrimonio, ignora su dolor emocional y piensa que el dolor de su alma será aliviado con la felicidad de tener una familia.

Obviamente, comienza a sentir el peso de las responsabilidades que conlleva una relación de pareja y las exigencias de las necesidades de los hijos. Esta persona intenta disfrutar de su familia, pero la fatiga y el dolor de sus heridas lo debilitan por dentro, por eso vive angustiado y desesperado.

Intenta superarse económicamente, comienza nuevos trabajos, algunos proyectos de negocio, pero nada funciona y se pregunta: '¿Por qué a otros les va bien y a mí no, si estoy haciendo lo mismo que ellos?'.

Esta persona no se da cuenta de que la principal razón del fracaso está en su interior. Se encuentra herido, por eso los fracasos le duelen más.

Una persona así, puede vivir pensando que es alguien desafortunado, que se casó con la persona incorrecta, que todas las personas están en su contra.

No se siente satisfecho con la vida que tiene, busca sentirse mejor buscando nuevos amigos y quizás una relación extramarital pensando que con eso se sentirá mejor.

Heridas que te arruinan la existencia

Pero ahora no solo está herido, sino que se siente fracasado, no es feliz con su familia y está atrapado en una relación dañina que, sin duda, en algún momento le cobrará factura. Como si esto no fuera suficiente, vive ofendido, amargado y dependiendo de que los demás sean buenos con él.

> Estas son algunas cosas para tener en cuenta si pretendes sanar las heridas que arruinan tu existencia:
>
> - No puedo evitar que las personas sean groseras, pero sí puedo evitar que eso me afecte.
> - Cada quien da lo que tiene en su interior.
> - Si quiero estar sano por dentro, necesito perdonar rápido, escuchar mucho y hablar poco.
> - No puedo regresar el tiempo para evitar lo que me lastimó, pero puedo evitar que me siga lastimando.
> - El mejor remedio para sanar por dentro es el perdón.
> - No vale la pena aferrarse al derecho de vivir amargado.
> - Mi pasado no debe definir mi futuro.
> - La principal razón del fracaso se encuentra en el interior del fracasado.
> - Vivir aferrado a lo que me lastima evitará que consiga lo que me sana.
> - La falta de perdón se convierte en una enfermedad emocional.
> - Una persona herida no es productiva.

Capítulo 10:

SANA POR DENTRO

La diferencia de la cura entre la enfermedad física y la emocional es que la física se cura con medicina y la emocional con una valiente decisión.

Es decir que necesitas la ayuda de un doctor para sanar un dolor físico, pero sanar emocionalmente únicamente depende de ti.

Por eso, no esperes que alguien más haga algo por ti, creyendo que eso te hará sentir mejor, porque eso no te sanará, solo te ayudará a sentirte bien un tiempo, pero la herida seguirá abierta.

Recuerdo que, hace algún tiempo atrás, conocí a un amigo que me comentó que tenía un problema médico en el corazón. Es algo que se le conoce como un soplo dentro del corazón. Mi amigo me decía que ya tenía años con esta enfermedad, que realmente no dolía mucho, pero que era un tipo de soplo que podría causarle un paro cardiaco y matarlo en cualquier momento.

Entonces, lo que lo atormentaba no era lo incómodo del dolor, sino lo que podía pasarle si no se atendía.

Le pregunté por qué no se decidía a tomar el tratamiento necesario para sanar ese problema, así no viviría atormentado por ese miedo, todos los días. Me respondió que también tenía miedo de hacer eso, porque el doctor le había dicho que solo se podía curar haciendo una operación a corazón abierto y que de solo pensar en que tendría que estar inconsciente, acostado en un quirófano y con su corazón abierto, lo aterraba aún más.

Me comentó que tenía miedo de morir por un paro cardiaco, pero que tenía más miedo tener que pasar por esta operación médica. Por eso decidía tomar su medicamento todos los días para controlar el problema.

Después de esa plática, yo me di cuenta de que así es como somos los seres humanos. No queremos estar enfermos, pero tampoco queremos pasar por el proceso que nos conduce a la sanidad. Al igual que mi amigo, nos conformamos con sobrellevar la vida, aunque vivamos con miedo de lamentarnos en el futuro por no tener el valor para reconocer que tenemos un problema que tiene que ser tratado.

Preferimos vivir a medias, es decir, solo imaginando cómo sería nuestra vida si viviéramos libres de rencores, de resentimientos, de odios y de todos esos miedos que a diario nos impiden crecer y lograr las cosas que anhelamos conseguir.

No estamos a gusto en donde estamos, pero tampoco tenemos el valor para tomar el camino que nos conduce hacia donde queremos estar.

Porque tenemos más miedo al dolor del cambio, que al dolor que nos condena a vivir una vida que no nos gusta.

Para explicarte mejor lo que te estoy diciendo, quiero que recuerdes alguna vez que tuviste que evitar un tema para que la otra persona no sintiera dolor.

Por ejemplo: digamos que a tu amigo se le murió su papá, entonces tú lo visitas y tratas de no tocar ningún tema que le recuerde a su padre para que no se sienta mal, tú piensas que le estás ayudando a sanar, pero en realidad no es así.

Ayudarle a sanar sería hablar el tema de forma intencional, para que él pueda platicar y sacar esa tristeza. De esta forma, comenzará a sentirse resignado.

Así, la resignación le ayudará a que comience a aceptar que su papá ya no estará con él y se comenzará a cerrar esa herida emocional.

De igual manera, nosotros deberíamos estar dispuestos a escuchar cuando alguien quiere decirnos qué cosas nos están haciendo daño.

Puede ser muy incómodo escuchar cuando alguien dice con claridad tus debilidades y qué cosas deberías dejar de hacer, pero eso es en realidad lo que te ayudará a sanar todas las posibles heridas internas que tengas.

Si no decides sanar por dentro, vivirás herido y eso no es bueno para ti, porque uno de los síntomas de una persona herida es la reacción.

Por ejemplo, piensa que si saludas a alguien con mucha amabilidad, le das un apretón de manos y esta persona grita y quita su mano de la tuya, seguramente te vas a sentir mal y muy incómodo. Pedirás una disculpa a pesar de que tu intención fue buena y él te explicará que no fue tu apretón, sino que tiene lastimada la mano por algo que le sucedió.

Sana por dentro

Las personas que están lastimadas emocionalmente actúan de la misma manera: suelen reaccionar aún y cuando tú solo pretendes ser amable y bueno con ellos. Ellos se ofenden por cualquier cosa y reaccionan de forma agresiva.

Ahora piensa que si tú eres el que está herido, alguien puede ser amable contigo y tú no disfrutaras eso, sino que sentirás que te lastima. Una persona amable no merece que seas así de grosero, sin embargo, tú no puedes ser de otra manera, porque solo estás reaccionando.

A lo mejor piensas que este es un tema exagerado, pero piénsalo: la mayoría de tus problemas con las personas han sido porque has reaccionado cuando no tenías que hacerlo.

Quizás conoces a alguien que, de un pequeño comentario que hiciste, hizo un inexplicable problema que te dejó preguntándote: ¿Qué rayos pasó?

Bueno, esa persona solo reaccionó, tu comentario no lo hirió, sino que tocó su herida.

Es como cuando alguien tiene lastimado su brazo y tú accidentalmente lo rozas en esa parte; probablemente el herido tenga la reacción de darte un empujón, no porque tú lo heriste, sino porque ya estaba herido y tú se lo hiciste sentir.

Así pasa con tus heridas internas; puede ser esa la razón por la cual te enojas con tanta facilidad. Te molesta cuando alguien se refiere a ti con cierto tono de voz, o a lo mejor te afecta cualquier comentario que uno de tus conocidos haga relacionado contigo o de tu familia.

Pero yo te digo que ya no puedes seguir viviendo así, tienes que sanar de una vez por todas. A fin de cuentas, el más beneficiado eres tú. Imagina cómo sería tu vida sin ninguna herida emocional, cómo sería tu relación con tu cónyuge, tus hijos, en tu trabajo o empresa.

Solo para decirte el final de la historia de mi amigo que tenía un problema en el corazón, al final decidió hacerse la cirugía y fue todo un éxito. Ahora él se encuentra sano y fuerte.

La última vez que hablé con él, me dijo que se arrepiente de no haber tomado la decisión antes, que no valió la pena esperar tanto tiempo soportando el tormento y el miedo de un posible paro cardiaco; que fue mejor soportar tres horas de pánico en un quirófano, que vivir con miedo todos los días.

Así como a él, te animo a que te atrevas a buscar ayuda para sanar tus heridas, escucha a esas personas que te aman y que te han dicho en repetidas ocasiones las áreas en las que debes sanar; piensa que es mejor pasar por unos días de incomodidad que toda una vida defendiendo tus heridas detrás de tus propias excusas.

Te aseguro que sanar por dentro, inevitablemente, te conducirá a un cambio positivo; por eso debes estar listo para dejar de ver hacia tu pasado, vivir tu presente y enfocarte en tu futuro.

Debes saber que tu historia pasada no debería ser tu motivación, por lo tanto, no importa si fue buena o mala. Tu verdadera motivación deberían ser las cosas que sabes que puedes hacer que sucedan de ahora en adelante.

Ahora, todo lo malo que te pasó solo será un ejemplo para seguir y demostrar que eres invencible, que no importa lo mal que te fue, lo que realmente importa es que estés listo y preparado para recibir las cosas buenas que están en tu futuro.

Si te animas a pensar de esta manera, te aseguro que se abrirán nuevas puertas para tu vida, te encontrarás nuevas oportunidades, llegarán las personas correctas que necesitas y que serán esa ayuda adecuada que Dios hizo para ti.

Piensa que toda la creación está hecha de manera perfecta, de manera que cada especie está con los de su especie.

Las águilas con las águilas, las gallinas con las gallinas, los leones con los leones. Con las personas sucede exactamente igual.

Los ofendidos están con los ofendidos, las víctimas con las víctimas, los heridos con los heridos y los ganadores con los ganadores.

Tú decides en dónde quieres estar, pero yo te recomiendo que ganes tus batallas, que te decidas a vencer todos tus miedos y tus rencores.

Se alguien valiente, para que tomes la decisión de sanar y así puedas perdonar y te pases del lado de los ganadores.

Así comprobarás por ti mismo que en el lado de los ganadores hay libertad, paz, felicidad y la satisfacción de estar sanos, sin odios ni rencores.

Las personas con heridas emocionales siempre exigen mucho, nunca están dispuestas a dar algo.

Sana por dentro

Convivir con alguien así es demasiado difícil, pero se pone aún peor cuando el herido busca ayuda de otro herido; es casi imposible que un herido ayude a otra persona que se encuentra lastimada por alguna situación, esto sería como que un ciego pretenda guiar a otro ciego, ambos pueden tropezar y no llegarán muy lejos.

Lo mejor es decidir sanar uno mismo y, después, ayudar al otro a sanar también, pero tienes que tener amor por los demás para poder tomar la decisión de sanar.

Por eso, hoy es el mejor momento para que tomes la decisión de amarte y de esa manera ayudes a los demás a amarse también; piensa en tus seres amados, ellos te necesitan sano, fuerte y lleno de amor para compartir con ellos.

Más importante aún es que puedas ser el cónyuge que tu pareja necesita, porque puede ser precisamente ella la persona que necesita más ayuda de manera urgente, para sanar todas las heridas del pasado. Quién mejor que tú para ayudar a sanar, porque al hacer esto no solo le ayudaras, sino que te beneficiarás a ti mismo: tener a tu lado a una persona que está sana por dentro y con amor propio, es lo mejor que te puede suceder para tener un matrimonio feliz.

Después de todo, es tu pareja con la que compartirás la mayor parte de tu vida, por eso, invierte lo mejor que puedas en ella, porque es la inversión que más te retribuirá y de la que más satisfacción obtendrás.

Cosas para tener en mente si la meta es sanar:

- La sanidad de mis heridas emocionales depende de mí.
- Los seres humanos no quieren estar lastimados emocionalmente, pero tampoco quieren atravesar el proceso de sanación.
- Se tiene más miedo al dolor del cambio, que al dolor de vivir un estilo de vida que no nos gusta.
- Las personas con heridas emocionales se enojan con facilidad y reaccionan de forma negativa.
- El más beneficiado de sanar por dentro soy yo mismo.

- Sanar por dentro me conducirá a tener un cambio positivo.
- Se necesita ser valiente para atreverse a sanar.
- Es necesario tener amor propio y amar a las personas para tomar la decisión de sanar.

Capítulo 11:

EL PERDÓN

Sé que se ha hablado mucho ya el tema del perdón y que cada quien puede percibir esto de manera distinta; sin embargo, considero que el tema de sanar por dentro estaría incompleto si dejamos a un lado el ingrediente principal para sanar el alma.

La principal razón por la cual una persona puede sentirse sola, con un vacío en su corazón que nada en el planeta lo podrá llenar, es la falta de perdón. Esto sucede porque las personas estamos hechas a la imagen y semejanza de Dios, por eso es que no tenemos la capacidad para odiar a la gente, aunque sí podemos odiar sus hechos. El problema en nuestro interior comienza cuando pretendemos odiar a la persona que hace los hechos.

Esa es la razón por la que sentir odio o algún tipo de rencor hacia una persona, te hace más daño a ti que a la persona que te hirió. Porque él puede seguir viviendo feliz, aun cuando sabe que te hizo mal, pero tú no podrás continuar tu vida de la misma manera si no eres capaz de perdonar.

Por eso te pido que leas con mucha atención lo siguiente y pido a Dios que, mientras lees el resto de estas páginas, comiences a tener esas fuerzas de voluntad para que puedas perdonar.

Cuando no entendemos los beneficios del perdón, vivimos confundidos, pensando que el perdón es una recompensa en nuestras manos; es decir, que alguien que nos ofendió tendría que convencernos para recompensarlo con nuestro perdón.

Esto pasa porque cuando nos sentimos ofendidos queremos que la otra persona se dé cuenta de que estamos enojados, queremos ver un sincero arrepentimiento para que podamos otorgarles nuestro perdón; sin embargo, si no vemos ese arrepentimiento, decidimos quedarnos con ese rencor, pensando que las personas no merecen ser perdonados.

Pero debes comprender que el perdón no es una recompensa para las personas que te ofenden, el perdón solo es beneficioso para ti.

Es decir, el perdón viene a ser como un antídoto que te ayudará a sanar las heridas que la otra persona te causó.

Si eres quien ve al perdón como una recompensa que nunca se la darías a alguien, porque no la merece, entonces te pido que te recompenses. Porque tú sí mereces ser libre, mereces ser recompensado por no haber sido el causante de las heridas.

Si lo piensas bien, es mejor ser el que decide perdonar y no ser el que necesita ser perdonado.

Date cuenta de que, si decides aferrarte a tu dolor o a la ofensa que te causaron, la persona que te ofendió vivirá pensando que tú eres su víctima y que él es el agresor, pero aun así él podrá seguir adelante con su vida, aunque con algo de remordimiento.

Pero tú no vas a poder seguir viviendo con una mentalidad de víctima, porque siempre sentirás que te está lastimando, vivirás deseando qué esa persona se arrepienta para sentirte libre.

Por eso debes entender muy bien que tu perdón no beneficia a otra persona, sino que siempre te beneficia más a ti. Deberías de perdonar, no porque la otra persona lo merece, sino porque tú te lo mereces. Si hoy decides perdonar, en poco tiempo vas a darte cuenta de todos los beneficios que esto te traerá; hasta lamentarás no haberlo hecho antes. Cuando alguien te hace daño es como si esa persona pusiera en tus espaldas una carga muy pesada que tú no quieres llevar a cuestas. Si no te deshaces de ella, caminarás sintiendo el peso que alguien puso sobre ti y caminarás detrás de esa persona, pidiendo que se arrepienta y quite de ti esa carga que te lastima. Si la persona no se arrepiente, te encontrarás en la necesidad de tomar la decisión de seguir el resto de tu vida sintiendo ese dolor o de usar el poder del perdón para deshacerte de todas esas cosas que, por mucho tiempo, has venido cargando.

11.1 EL PERDÓN EN NUESTRAS ACCIONES

Aunque en la mayoría de las veces que se habla del perdón, se refieren a perdonar a otra persona, la realidad es que hay cada vez más personas atrapadas en tantas cosas que no se pueden perdonar a sí mismas.

El perdón

Como seres imperfectos, no solo herimos a los demás, sino que muy seguido nos lastimamos a nosotros mismos al negarnos a perdonar las malas acciones que hicimos en el pasado.

La mayoría de las veces es nuestro pasado el que no nos deja disfrutar nuestro presente y mucho menos planificar nuestro futuro, pero no deberías ser tan duro contigo mismo. Ya es muy bien sabido que la vida es como un examen sin preparación, es decir, que primero haces el examen y después te preparas para él.

La vida es exactamente igual, nada nos prepara para vivirla, vamos aprendiendo con el tiempo, adquirimos experiencia a lo largo de los años y es así como nunca terminamos de aprender.

Por eso es que, en tu pasado, hiciste cosas incorrectas que hasta ahora te avergüenzas solo de recordarlas. A lo mejor tomaste decisiones que, en su momento, creíste que eran lo mejor, pero después te diste cuenta de que era un error y lo que a veces más duele es no haber escuchado a aquellos que intentaron advertirte o aquellas palabras de tus padres que con amor intentaban aconsejarte, para que no cometieras los errores de los cuales ahora te arrepientes.

Debes estar consciente que es normal equivocarse. Está bien que seas responsable y aceptes tu culpa, pero no está bien que vivas sintiéndote culpable, porque serás víctima de tus errores pasados y sería igual o peor que ser víctima de alguien que te lastimó.

Por eso, lo mejor es que te perdones de una vez por todas. Ya no te lastimes más con todas aquellas cosas que hiciste, aunque pudieron ser errores muy fuertes. Ten la confianza que nada es más fuerte que el perdón.

Ten en cuenta que el antídoto del perdón funciona solo si en verdad estás arrepentido. La prueba de tu arrepentimiento es que ya no vuelvas hacer lo mismo.

Así es como terminarás con todo eso que muy seguido te castiga, haciéndote creer que no mereces ser feliz por todo aquello que fuiste capaz de hacer.

Pero la vida es buena y a lo mejor hoy estás recibiendo otra oportunidad del cielo para recomenzar otra vez. Nunca es tarde cuando se comienza de la manera correcta y, si estás decidido, hoy puedes sentirte seguro y declararte libre.

Ten en cuenta que no necesitas sentir las ganas de arrepentirte para saber que lo estás, sino decidir que no volverás hacer lo mismo otra vez.

De ahora en adelante esfuérzate por siempre dar lo mejor de ti y nunca más permitir que tus errores del pasado estén atormentando tu vida en el presente.

Cosas para tener en cuenta:

- El ingrediente principal para sanar el alma es el perdón.
- El odio destruye al individuo, porque no fuimos creados con la capacidad de odiar a las personas.
- El odio me hace más daño a mí que a la persona que odio.
- El perdón es el antídoto que me ayuda a sanar las heridas que me causaron.
- Es mejor ser el que decide perdonar, que ser el que necesita ser perdonado.
- Vivir aferrado a la ofensa, me somete a la voluntad del que me ofendió.
- La falta de perdón hace que nuestro pasado no nos permita disfrutar nuestro presente.
- Está bien que acepte la culpa, pero no está bien que viva sintiéndome culpable.
- Siempre lo mejor será perdonar.

Capítulo 12:
PERDÓNATE A TI MISMO

En demasiadas ocasiones, he sido testigo de cómo los remordimientos y las culpas del pasado atormentan a una persona. Yo mismo viví así mucho tiempo, pero alguien fue compasivo conmigo y me ayudó a liberarme de todas mis culpas. Ahora, a través del ministerio que tengo como pastor en *Cielos Abiertos*, yo también ayudo a las personas que tienen problemas para perdonarse a sí mismos. Para que veas lo terrible que es no perdonarse, voy a contarte cómo es mi trabajo cuando doy consejería dentro de mi oficina.

Cuando tengo una cita programada, me dispongo a llegar antes que las personas que voy a atender. Cuando veo entrar a alguien por la puerta, siempre observo la misma expresión en la cara de la gente: es una expresión un poco vergonzosa y con algo de nervios. Pero una vez que comenzamos a platicar, veo cómo comienzan a sentir confianza y nos es más fácil platicar de forma directa sobre el problema.

Cuando descubrimos que la raíz del dolor que tiene esta persona se debe a una culpa que viene arrastrando de su pasado, le digo lo que ya te dije a ti en las líneas anteriores y la animo a pedir perdón a Dios, para que encuentre alivio y, sobre todo, pueda sentir el perdón que necesita. Casi siempre me piden que les ayude a orar, así que oramos juntos. En ocasiones, inevitablemente derramamos algunas lágrimas, pero después la persona se siente liberada y se retira con una sonrisa en su rostro, agradeciendo a Dios por esa bonita sensación que siente en su corazón y por la seguridad de haber recibido el perdón de sus errores y sentirse libre de sus culpas.

Todo parece ser muy lindo, pero, después de algunos días, esa misma persona está de vuelta en mi oficina con la misma expresión que la vez pasada, como si la última plática nunca hubiera existido. Cuando le pregunto qué sucedió se quebranta y se suelta en llanto exclamando que no puede más y me suplica que lo ayude. Cuando le pregunto qué sucede, me cuenta la misma historia, el mismo problema, el mismo sufrimiento.

Es decir, que todo está igual que al principio y viene a mí para que le ayude a pedirle perdón a Dios, otra vez, para volver a sentir esa paz que sintió la primera vez que oramos.

A lo mejor no está bien que te lo diga, pero admito que para mí es muy cansado tratar con este tipo de casos. Porque esta segunda vez tengo el trabajo de explicarle a la persona que ya no podemos pedirle perdón a Dios otra vez, eso sería falta de fe. Es como creer que Dios falló y no pudo perdonar tal pecado y tenemos que hacer todo de nuevo; hacer eso sería ofender a Dios, porque Él no es como nosotros. Podríamos pedirle perdón por alguna otra cosa, pero nunca por lo mismo.

Sabemos por la biblia que Dios hace las cosas solo una vez y para siempre. En palabras simples, es que si Dios dice que te perdona es porque en verdad lo hace y nunca más se vuelve a acordar de nuestras faltas. Porque Él no es como los seres humanos, que podemos revivir las cosas pasadas para seguir sufriendo.

Por eso, pretendiendo ayudar a la persona, tengo que decirle de manera muy directa que la que se tiene que perdonar es ella misma, porque si en el momento sintió el perdón de Dios, pero aún así el tormento regresó a su corazón, entonces no es que Dios falló; lo que sucedió es que Dios sí le perdonó, pero él no pudo perdonarse. Y por eso, ahora tengo que ayudar a la persona a que entienda lo importante que es perdonarse a sí misma.

Precisamente por eso te cuento cómo son algunos días en mi oficina, para que te des cuenta del poder que tenemos los seres humanos para autodestruir nuestra propia felicidad cuando no nos perdonamos a nosotros mismos. Solo piensa cómo es que Dios, el creador de todas las cosas, el que tiene el control de las estrellas, los planetas y las galaxias, se toma la delicadeza de escuchar a una persona atormentada por sus malas acciones y le hace sentir su perdón, pero la persona que es un simple mortal, y que está siendo afectada por sus errores del pasado, decide creer que no es posible perdonarse y vuelve a retomar su culpa por no tener la valentía de defender la felicidad y la paz que le fue otorgada de forma divina.

La verdad es que esto lo puedes ver tú mismo. Solo observa y escucha de forma atenta a las personas que sufren o tienen algún problema emocional y te darás cuenta de que la mayoría de estas personas sufren por cosas que sucedieron en su pasado y, aunque las intentes animar diciéndoles todas las ventajas que tienen en su presente, es muy probable que ellos se aferren a sus desventajas e incluso las defiendan. Te explicarán de una y mil maneras para convencerte de que ellos tienen la razón cuando dicen lo desafortunados que son.

Espero que este no sea tu caso, pero si lo fuera, estoy seguro de que al terminar de leer este libro tú ya no serás el mismo, porque te estarás convirtiendo en alguien muy diferente y aprenderás que es de personas inteligentes el aferrarse solo a las cosas que te ayudan a ser mejor.

No importa si tienes mil razones para vivir amargado, estoy seguro de que debes tener al menos una para ser feliz y esa una es suficiente para vivir de manera triunfante, como cuando una persona celebra aún lo poco en su presente y no es alguien resignado a lamentar todo el tiempo lo mal que le fue en su pasado.

12.1 LA HISTORIA DE FILOMENO

Hace algunos años, escuché a alguien contar una historia que llamó mucho mi atención y que tiene que ver con el tema de perdonarse a uno mismo. En su momento fue una historia que vino a hacer justamente lo que yo necesitaba para deshacerme de la falta de amor propio, la comparto contigo con la esperanza de que también te ayude a deshacerte de esa falta de perdón que tanto daño te hace.

La historia trata de un pequeño pueblo que estaba muy lejos de la civilización; por esta razón, además de tener sus propias costumbres y tradiciones, también tenían sus propias leyes. Entre las muchas leyes que ejercían estaba una en particular, que llamaba la atención porque solía ser muy cruel para alguien que cometía el delito de homicidio.

Para tener un ejemplo, supongamos que Filomeno regresaba a casa, muy agotado, por aquel camino polvoriento, después de un día de mucho trabajo en el campo que heredó de su padre. El mismo Filomeno que se casó con su amada esposa hace un par de años, que ahora tiene un hijo y esperan el nacimiento del segundo dentro de un mes.

Anhelaba llegar pronto a su casa para descansar y estar con su familia, por lo que decidió tomar un atajo atravesando por las tierras de aquel hombre malvado y egoísta que todo le molestaba.

Este, al ver a Filomeno cruzar sus tierras, se apresuró a tomar un machete y correr hacia el cansado muchacho, gritando que lo mataría por estar en sus terrenos.

Filomeno, al escuchar los insultos, se molestó mucho. Pero cuando se vio amenazado por aquel hombre armado, todo empeoró. Se enojó y no pensó en las consecuencias, solo tomó su arco y flecha y decidió disparar sobre aquel egoísta, quien cayó al suelo, agonizando, con una flecha que se movía a un ritmo porque estaba atravesada en su corazón. Murió segundos después.

Se corrió la voz de que el asesino había sido Filomeno y fue arrestado de inmediato. Después del juicio, todos acordaron que se aplicara la ley que castigaba a una persona que le quitaba la vida a otra, así que pusieron a Filomeno en la cárcel temporalmente, mientras pasaba el funeral del muerto.

Después de hacer todos los rituales acostumbrados en el funeral y la familia se había despedido del fallecido, trajeron a Filomeno y lo acostaron boca abajo, pusieron el cadáver en su espalda y lo amarraron de manera que no se lo pudiera quitar. Una vez sujetado el muerto con su asesino, ayudaron a Filomeno a levantarse y le dijeron que ya podía irse, era libre otra vez para ir donde quisiera.

Así, Filomeno se retiró de aquel lugar, pero ahora con el peso de un muerto que le recordaba que él era un asesino. Intentó ir con su familia, pero todos le tenían miedo porque, lejos de mirarlo a él, solo miraban el espantoso cadáver que traía amarrado en su espalda.

Filomeno dormía y despertaba con su muerto encima de él. Todo empeoró porque, apenas en el segundo día, el cadáver comenzó a descomponerse. Cuando Filomeno caminaba por las calles, cargando en agonía con el cuerpo, la gente huía de él.

Le pedían que se fuera del pueblo, aunque él pedía misericordia, los demás le gritaban:

—Sabías la ley, si matas a una persona este pasa a ser tu muerto.

En apenas unas horas más, comenzaron a salir gusanos que comían la carne de aquel cuerpo putrefacto, estos gusanos a su vez comenzaron a comer también la carne viva de Filomeno.

Perdónate a ti mismo

Y así, el muerto y su asesino, comenzaron a ser devorados por aquellos gusanos siempre hambrientos e insaciables, provocando terror y náuseas en todo el pueblo.

El tormento del asesino terminaba hasta que su mismo muerto lo matara poco a poco. No paraba hasta vengar su muerte, pero de una manera mucho más cruel.

Se que esta historia suena terrorífica, pero ocurre algo similar con una persona que cometió algún error en su pasado, ya sea de forma intencional o accidental, que no decide perdonarse: al igual que Filomeno, ese error será como un muerto en su espalda.

No importa en dónde se encuentre o con quién esté, su error siempre lo castigará y le hará sentir que no merece ser feliz. Todos los días le hará creer que es una persona mala y falsa. Es esta la razón por la cual las personas no se sienten suficientes.

Aunque los animes a ver que su vida es valiosa y son afortunados por vivir en donde viven o tener una familia maravillosa, ellos seguirán sintiéndose sin ganas de nada, agotados por la carga de sus culpas.

Les cuesta mucho trabajo levantarse en las mañanas, piensan que nada vale la pena. Aunque tengan muchos deseos de emprender o hacer algo que les gustaría, no lo harán porque no tienen fuerzas suficientes para comenzar.

Lo peor de esto es que cuando tienes estas cargas en tu conciencia, las personas a tu alrededor perciben que algo no está bien contigo. Quizás no sepan qué te sucede, pero perciben en ti algo que no les gusta.

Esto es trágico para una persona que está emprendiendo algún negocio, porque se le dificultará mucho la tarea de conseguir nuevos clientes, o atraer más socios a su negocio. La gente no es tonta, ellos sabrán que algo no está bien contigo y, por no saber con exactitud qué es, sentirán desconfianza y no querrán ser parte de lo que tú les estás ofreciendo.

Por la ley que existía en ese pueblo, Filomeno no pudo quitarse de su espalda a ese muerto y, por eso, perdió a su familia, su campo y su vida.

Pero no existe una ley en la actualidad que te obligue a cargar en tu conciencia tus errores del pasado.

CÓMO AMAR A LAS PERSONAS

Es urgente que te perdones y decidas despojarte de ellos, porque si no lo haces, al igual que Filomeno, estarás alejando cada vez más a las personas que amas, estarás trabajando duro, pero sin muchos resultados, estarás vivo pero sin disfrutar tu vida.

Aquí termino este capítulo, pero tengo la esperanza que, con este final, también comience un nuevo estilo de vida para ti, porque hoy se despierta dentro de ti ese amor propio que no permitirá que te lastimen nunca más.

Sanarás por dentro para ser más efectivo en todas tus labores y te perdonarás para ser libre de tus culpas.

Para ayudarte a perdonar, recuerda:

- Las culpas del pasado me pueden atormentar en el presente.
- Por naturaleza, a las personas nos gusta revivir el pasado para seguir castigándonos.
- Cuando no me perdono, yo mismo destruyo mi felicidad.
- Es de personas inteligentes aferrarse solo a lo que nos hace bien.
- Es mejor que celebre las pocas cosas buenas que tengo en mi presente, en lugar de lamentar mucho las cosas malas que hice en el pasado.
- Si no perdono los errores que hice en mi pasado, ellos me castigarán todos los días.
- La falta de perdón personal puede ser fatal si estoy emprendiendo un negocio.
- El perdón me libera de las culpas del pasado.

Capítulo 13: EL AMOR EN LA RELACIÓN DE PAREJA

Ya hemos aprendido sobre la importancia de amar a las personas, de lo importante que es amarse a sí mismo, y de todas las cosas que conlleva el amor propio.

En este capítulo profundizaremos en cómo funciona el amor en la relación de pareja, ya que el matrimonio viene a ser una parte muy importante de nuestras vidas y es la que más cuidado necesita. Vamos a abordar este tema aquí y lo vamos a concluir hasta el capítulo 16, donde hablaremos del amor sacrificado.

Si aún no estás casado, a lo mejor en unos años lo estarás, y será muy bueno que aprendas algunas cosas en estas próximas páginas que te ayudarán a tener un matrimonio fuerte, sano y unido.

El matrimonio es como un campo de entrenamiento donde podemos poner en práctica el amar a las demás personas, aun cuando no estamos de acuerdo con ellas.

Los que estamos en una relación matrimonial, a menudo solemos cometer el error de pensar que nuestro cónyuge no forma parte del mandamiento que Jesús dijo: ama a tu prójimo como a ti mismo.

Es decir, que por lo general las personas muestran respeto por los demás, les hablan con amabilidad, les piden las cosas por favor y dan las gracias cuando reciben algo, pero la mayoría de las veces no sucede así con la pareja.

Pienso que hemos malentendido la promesa de cuidar, respetar y amar hasta que la muerte nos separe, porque si vamos a tomar la decisión de ser descorteses sería mejor hacerlo con las personas que a lo mejor las vemos una vez y quizás nunca más las volvamos a ver.

No es de personas inteligentes ser groseros con la persona que comparte su vida con nosotros.

Solo imagina si alguien ofendiera o maltratara a la persona que todos los días duerme contigo y forma parte de tu vida y tu futuro, seguramente te molestarías y no permitirías que eso sucediera.

Pero no tienes que esperar a que algo así suceda para darte cuenta de la responsabilidad que tienes de cuidar a tu cónyuge, asegúrate de no ser tú el causante de sus heridas.

Hemos aprendido a comportarnos de una manera dentro del hogar y de otra afuera de él. Pero creo que nos hemos equivocado respecto al comportamiento, porque por lo general es en el hogar donde decidimos no ser amables, pensamos solamente en exigir respeto y tolerancia a nuestras debilidades.

Pero solo piensa que tu comportamiento es una inversión que te va a retribuir según como lo inviertas.

Entonces pensemos que si fuera de tu hogar eres amable, educado y generoso, a lo mejor conseguirás caerle bien a alguien, pero no recibirás mucho a cambio. En cambio, si decides invertir esas cualidades dentro de tu hogar, pronto obtendrás grandes resultados, no solo en tu pareja, sino con todos los que viven en tu casa.

Verás que te conviene más practicar lo mejor de ti dentro de tu hogar que fuera de él.

Es un error común en las parejas el pretender que su cónyuge sea, piense y haga las cosas de la misma manera como el otro las haría.

Esto en verdad es como un suicidio matrimonial, porque si hay algo emocionante en una pareja, es la diversidad de pensamiento; lo atractivo que puedes encontrar en tu cónyuge son precisamente las diferencias que existen entre ustedes dos y si logras que tu pareja haga las cosas a tu manera, terminarás con las cosas que te atraen y te harás un daño a ti mismo que más adelante lamentarás.

Los seres humanos solemos ser tan egoístas que aun en nuestro matrimonio nos cuesta tanto darle el derecho a nuestro cónyuge de seguir siendo libre como cuando nos conocimos.

Pensamos que ese derecho lo pueden tener todos, excepto nuestra pareja. Deberíamos de ser conscientes de que esto puede ser la raíz de todos los problemas existentes en un matrimonio.

Nos excusamos detrás de los comentarios que a diario escuchamos decir: que el matrimonio es muy difícil, que lo mejor sería quedarse soltero. Incluso la mayoría de las personas en algún momento se han arrepentido de casarse con la persona con la que ahora están, piensan que fue una mala decisión de la cual no pueden escapar.

Pero esto no es así, todo lo que sucede es que no saben cómo sobrellevar una relación de pareja, porque casi siempre pensamos solo en nosotros mismos.

El amor en la relación de pareja

El amor es todo lo contrario, el amor verdadero sabe que es mejor dar que recibir.

Para ayudarte a fortalecer tu relación matrimonial, permíteme contarte una historia que puede servirnos como un ejemplo:

Hace un tiempo fui con unos amigos a una granja que hacía algunos juegos divertidos para los visitantes. A mí me encanta estar en las granjas, amo escuchar el sonido de los animales, disfruto mucho sentir el olor del campo, por eso me entusiasmé mucho cuando me invitaron y no dudé en aceptar.

Cuando llegamos, uno de mis amigos dijo de forma inmediata que teníamos que ir al ruedo.

El ruedo es un corral grande en donde sueltan un toro enfadado y este comienza atacar a los que están en su corral.

El encargado nos explicó el juego. Se trataba de entrar en una pelota gigante de color transparente. Una vez que entré en ella, la inflaron con mucho aire y luego todos entramos al ruedo y soltaron al animal. Cuando el toro miró a los intrusos en su corral, se lanzó sobre nosotros y, desafortunadamente, se dirigió directo hacia mí. Yo corrí con todas mis fuerzas, pero el toro me alcanzó y me dio un tremendo golpe que me lanzó a una buena distancia.

Es obvio que no me lastimé porque estaba dentro de esta pelota, diseñada para protegerse de una caída.

Y así, mientras el toro siguió a alguien más, yo quise salirme de la pelota y correr hacia afuera, pero el encargado del ruedo me gritó que no lo hiciera y que continuará disfrutando del juego. Todo lo que le pedía al cielo era que ese toro no regresara a donde estaba yo, pero parece que al toro eso no le importó, y otra vez se dirigió hacia mí. Yo volví a correr, pero escuché de nuevo los gritos de la persona encargada del ruedo que me decía que no corriera porque más iba a llamar la atención del toro. Yo le grité que tenía mucho miedo.

Él insistió en que no me saliera de la rueda y estaría seguro, porque no importaba cuántas veces el toro me golpeara, mientras estuviera dentro de la burbuja estaría a salvo hasta que se terminara el juego.

Te cuento esta historia para que imagines conmigo que el matrimonio es como ese ruedo. El toro es el divorcio y la pelota gigante es el amor.

Cuando llegamos al momento de casarnos, nadie nos enseñó cómo se tenía que mantener un matrimonio, aunque vivimos con nuestros papás.

Con algunas excepciones, ellos no nos modelaron con el ejemplo de cómo mantenerse firmes durante los tiempos difíciles que enfrenta toda relación.

Así que llegamos al matrimonio sin ninguna experiencia. Entramos al ruedo, llenos de expectativas, de planes y metas, ¡pensamos que todo será increíble, tendremos mucho amor y felicidad! Pero lo primero que miramos es la cara de ese toro enfadado, llamado divorcio, que viene directo a golpear nuestra relación. Pensamos en salir corriendo y creemos que fue una mala decisión casarse. Es tanta la tensión que decidimos salirnos de la burbuja que nos protege. Esa burbuja es el amor.

Pero así como a mí me gritó aquel encargado, no te salgas de esa pelota porque es ahí el único lugar donde puedes estar seguro del toro. Así mismo, a través de estas letras yo te grito a ti: no te salgas de la burbuja del amor que tienes, porque si lo haces las cosas empeorarán.

Cuando intentas arreglar los problemas matrimoniales fuera de tu burbuja de amor, quedarás expuesto al divorcio; lo mejor es que te mantengas pensando no en lo que tú quieres, sino en lo que es mejor para la persona que amas.

Con mucho respeto, quiero ir un poco más profundo en este tema, para poder continuar, porque quizás ahora estás pasando un tiempo de crisis matrimonial y pienses que ya no amas a tu pareja.

Aunque no se lo has dicho a nadie, a lo mejor vives sintiéndote culpable por no tener el mismo amor que tenías al principio y muy seguido te llegan pensamientos de divorcio; pero querido amigo, recuerda que no tienes que sentir algo para saber que amas.

Recuerda bien lo que leíste al principio: el amor es una decisión, no solo un sentimiento. Los sentimientos cambian muy seguido, pero el amor nunca deja de ser.

Cuando decidiste unir tu vida con tu pareja ese día tomaste la decisión de amarla. Los sentimientos por naturaleza cambiarán, pero tu decisión permanecerá. Esa es tu burbuja de amor y debes permanecer en ella para estar a salvo del divorcio.

El amor en la relación de pareja

Cuando el encargado del ruedo me pidió que no saliera de la pelota gigante para mantenerme a salvo del toro, también me pidió que disfrutara el juego.

Así mismo te pido yo en este momento: mantente dentro de la burbuja de tu amor, pero disfruta el momento. Recuerda que tu vida es corta y que solo se vive una sola vez. Si vas a estar con esa persona, decide disfrutarla, conócela otra vez, anímate a escuchar sus sueños, lo que le gustaría lograr y después ayúdale a que haga realidad sus planes.

Muestra tu amor con hechos, que son más valiosos que las palabras, porque cuando amas por sentimientos es cuando dices cosas bonitas, pero cuando amas por decisión es cuando no dices cosas, pero si haces más de lo necesario en beneficio de la persona que has decidido amar. Justo ese es el amor verdadero.

Puedes enfrentar los pensamientos de divorcio sabiendo que:

- La promesa de cuidar, respetar y amar hasta que la muerte nos separe es algo muy serio.
- No es de personas inteligentes ser groseros con la persona que comparte su vida con nosotros.
- Mi comportamiento es como una inversión, invertirlo en el hogar me dará la mayor retribución.
- Pretender que mi pareja sea igual a mí es un suicidio matrimonial.
- Los sentimientos respecto al amor cambian, pero la decisión de amar es permanente.
- No es sano, para una relación, estar enfocado solo en los defectos, lo mejor es disfrutarse uno al otro.
- No tengo que sentir algo para mostrar amor a mi pareja, solo debo hacerlo. A eso se llama amor verdadero.

Capítulo 14:
LA GUERRA QUE SE GANA CUANDO SE PIERDE

Ten mucho cuidado de no exigir que tu pareja piense como tú o que hable y se exprese como tú lo haces, o que tiene que hacer las cosas de la misma manera que tú. Porque esto les perjudica a ambos.

Quizás no lo has pensado bien, pero cada vez que le enseñas a tu pareja cómo es que debe de ser su personalidad te estás fabricando un problema tú mismo. Te digo esto porque casi puedo estar seguro de que tú tampoco eres la persona que te gustaría ser algún día, probablemente ni siquiera tienes los resultados que te gustaría conseguir, o a lo mejor no tienes una visión clara de tu futuro.

Entonces, ¿puedes imaginarte el desastre que se ocasiona cuando tú aún no sabes ni quién eres en realidad y pretendes que tu cónyuge sea igual a ti?

Por eso, lo mejor sería que no le quites su autenticidad a tu pareja. Recuerda que te enamoraste porque había algo en esa persona que te atraía; pero si con el tiempo le fuiste exigiendo que cambiara su manera de ser, para sentir que estabas con la persona que creías conveniente, y lograste conseguirlo, lo más probable es que ya te hayas dado cuenta del error, porque las cosas se ponen peor cuando una persona pierde su autenticidad. Es como si se perdiera en la vida: ni siquiera sabe quién es, no sabe ni siquiera cómo comportarse, pierde su valor e incluso le da miedo hablar porque teme no saber expresarse.

Creo que nadie merece que le quiten su esencia original. Por eso, piensa cuál fue la virtud que te gustó de tu pareja cuando la conociste y mira si ahora esa virtud ya no existe; tú puedes animarle a ser otra vez una persona original y auténtica.

En un tiempo, yo también caí en uno de los errores más grandes que un esposo puede cometer con su esposa. Cuando Jazmín y yo nos casamos, estábamos tan emocionados y llenos de esperanzas al imaginar nuestra vida juntos. Pensábamos en todas las cosas que queríamos hacer, como comprar una casa, tener a nuestros hijos, ir de vacaciones unas dos veces al año y, por supuesto, hacer negocios y estrenar carros último modelo.

Pero así como a todas las parejas les llega a suceder, también yo llegué al momento de tener que enfrentar los problemas que eran causados por nuestras diferencias.

Los dos comenzamos a tener grandes peleas por conseguir tener la razón, había momentos en que los pleitos eran tan fuertes que sentía como si hubiera fracasado por haberme casado con ella.

Así pasaron algunos años, podría decir que los mejores años de pareja se nos estaban escapando sin darnos cuenta, por estar tan ocupados en ganar la guerra en nuestro hogar.

Un día, me di cuenta de que Jazmín por fin había cedido a mis exigencias, comenzó a ser esa mujer sumisa que tanto yo le pedía que fuera, pensé que yo siempre había tenido la razón y que ella por fin lo había aceptado, pero lo que en realidad estaba pasando es que cuando yo pensaba que había ganado la guerra en realidad fue cuando comencé a perderlo todo.

Al principio me gustaba que Jazmín se dedicara completamente a mí, que todo lo que ella quería hacer me lo dejara saber primero y que me pidiera permiso para hacer la mayoría de las cosas. Me da vergüenza admitirlo, pero hasta para su manera de vestir pedía mi aprobación. Todo estuvo bien por un tiempo, pero después de unos meses ya no me gustaba que mi esposa fuera así; ahora, los pleitos eran porque me parecía que era una tonta que no sabía tomar decisiones y comencé a extrañar a esa Jazmín independiente de la que yo me había enamorado.

Ella había perdido a sus papás desde que era una adolescente y eso la había hecho una mujer muy fuerte e independiente y justo eso era lo que tanto me gustó y me atraía de ella.

Me preguntaba entonces, ¿por qué quería cambiar una virtud tan bonita de mi esposa?

En aquel momento, reflexioné y me di cuenta de que lo que en realidad sucedía era que trataba de ser una continuación del matrimonio de mis padres, pues yo había crecido en un hogar en donde mi papá era un hombre muy machista y mi mamá era muy sumisa.

Aunque yo era un niño, nunca me gustó ver a mi mamá vivir ese estilo de vida. Pero ahora, yo había conducido mi matrimonio justo al mismo lugar donde nunca me había gustado ver a mi madre.

La guerra que se gana cuando se pierde

Ya habían pasado unos cinco años y no habíamos logrado conseguir nada de lo que los dos nos habíamos propuesto cuando nos casamos; aunque trabajábamos demasiado, parecía ser que el dinero desaparecía de nuestras manos y apenas podíamos pagar la renta de un viejo departamento; ni siquiera teníamos los muebles necesarios, estábamos endeudados, teníamos problemas y muchas heridas internas sin atender, que nosotros mismos nos habíamos causado.

Un día tomé una decisión que cambiaría para bien el resto de nuestras vidas: decidí que lucharía para regresarle a mi esposa su autenticidad que yo mismo le había quitado.

Le pedí a unos amigos que cuidaran a nuestros hijos e invité a Jazmín a tomar un café; me dispuse a preguntarle cuáles eran sus sueños, qué era aquello que a ella le gustaría lograr; ella me dijo que todo lo que ella quería era que yo fuera feliz y que fuera yo quien lograra mis objetivos, que ella estaba dispuesta a apoyarme en todo lo necesario.

Ese día no pude más y lloré frente a ella, le pedí perdón, le dije lo que te aconsejé a ti hace unas líneas arriba. Le respondí que no, que ella era una persona, que tenía sus propios sueños, sus propios deseos y sus propios pensamientos, que yo había llegado a su vida para ayudarla y para brindarle valor y seguridad.

Después de llorar, los dos prometimos que iniciaríamos otra vez, pero ahora yo era el que la animaba a ser independiente; cuando ella quería pedirme permiso para hacer algo, solo le decía que no debía hacerlo, a menos que me fuera a pedir una opinión, o si necesitaba ayuda con algo.

Para terminar la historia, te cuento que fue un proceso largo y un poco difícil, pero lo logramos: Jazmín volvió a ser esa mujer independiente de la cual me enamoré, su sonrisa volvió a sus labios, sus palabras ya no eran apagadas e inseguras, sino que se volvió otra vez esa mujer segura, llena de confianza y una felicidad contagiosa.

Han pasado catorce años desde entonces hasta ahora que te escribo esta historia. Juntos pudimos trabajar unidos y, en el primer año del nuevo comienzo, pudimos conseguir más que en los cinco años pasados.

Desde entonces, no solo compramos una casa, sino que hemos comprado varias.

Tuvimos a nuestros hijos, cuatro en total, vamos hasta tres veces de vacaciones al año, pudimos estrenar no uno, sino varios carros, último modelo, y, solo por decirlo porque creo que es importante, abandonamos nuestro trabajo y comenzamos a trabajar en nuestros propios proyectos y por nuestra cuenta a la edad de treinta y cinco años.

Te cuento todo esto para que puedas ver y estés seguro de que se logra más entre dos personas diferentes que están de acuerdo, que dos personas que parecen una sola, porque uno de los dos ganó la guerra.

Por eso puedo decir con toda certeza que esa fue la guerra que gané cuando la perdí.

Notas para tener en cuenta:

- Lograr que mi pareja sea igual a mí es un daño que nos perjudica a los dos.
- Si aún no soy la persona que me gustaría ser, no debo exigir que mi pareja sea igual a mí. Sería un verdadero desastre.
- Una persona que pierde autenticidad, es una persona perdida en la vida.
- Se logra conseguir más entre dos personas diferentes que están de acuerdo, que dos personas que parecen una sola.

14.1. LA INSEGURIDAD

Debemos entender que la inseguridad es la principal razón por la cual existe mucha exigencia y celos en un matrimonio. Por ejemplo, cuando yo quería ser un machista, pensaba que lograr que mi esposa fuera sumisa a mí me haría sentir un hombre que tiene

La guerra que se gana cuando se pierde

el control en su hogar; pero luego entendí que yo no necesitaba arruinarle la vida a mi esposa para sentir eso, pues yo ya soy un hombre por naturaleza y tengo el control de mi vida y también de mi hogar, porque me aseguro que mi familia esté segura y que mi esposa sea feliz.

Lo que sucede en muchos seres humanos es que, cuando vienen momentos difíciles en la relación, no sabemos cómo arreglarlos y optamos por hacer las cosas como mirábamos que nuestros padres lo hacían. Justo ahí se generan más problemas.

Por eso es mejor esforzarse todos los días a ser una buena pareja para nuestro cónyuge; deberíamos ser personas interesadas en leer todos los libros que tienen que ver con el matrimonio y asistir a conferencias donde se aprende a ser un mejor esposo o esposa según sea el caso. Tenemos que hacer esto como una inversión, no solamente para el matrimonio, sino también por nuestros hijos, porque llegará el tiempo donde ellos tomarán la decisión de casarse y es seguro que en algún momento tendrán que hacer frente a las crisis matrimoniales.

Es muy probable que se vean tentados a arreglar las cosas como lo hacían sus padres y es ahí donde debemos ser un buen ejemplo, para inspirarlos a cuidar a su cónyuge y a sus hijos.

Así es como en la vida podemos encontrar la felicidad, se aprende a tener seguridad para no exigir nada, sino ser portadores de inspiración y motivación para no abandonar a la familia cuando se atraviesan tiempos difíciles.

He experimentado que mi esposa es como tierra fértil y mis acciones como semillas, entre más tengo buenas acciones con ella, más cosas buenas cosecho; creo que soy un hombre afortunado por haberme dado cuenta a tiempo que soy yo, y nadie más, el responsable del estilo de vida que quiero vivir.

Para cerrar este tema, quiero compartirte un proverbio que me llama mucho la atención, dice de la siguiente manera:

Hay tres cosas, y hasta cuatro que me asombran y no alcanzo a comprender.
El paso del águila en el cielo.
El paso de la víbora en las rocas.

El paso de un barco en alta mar.
Y el paso de un hombre en la mujer.

Proverbios 30.18-19.

Me llama tanto la atención cómo un hombre puede influir en la vida de una mujer, de manera que la mujer viene a ser un reflejo del hombre con el que vive.

Esto quiere decir que no importa cuánto estás logrando, o si estás aprendiendo cosas nuevas, estás creciendo como un líder y logras impresionar a todos.

Si tu esposa no está creciendo al lado tuyo, algo estás haciendo mal y es importante que lo arregles pronto, porque si no lo haces, con el tiempo, eso te causará tantos problemas matrimoniales que todo tu conocimiento no será suficiente para poder arreglarlos.

LA INSEGURIDAD EN LA MUJER

Por otro lado, una mujer insegura en un matrimonio suele ser una mujer infeliz, porque depende mucho del comportamiento de su marido para ella sentirse bien. Lamentablemente, vivimos en un tiempo en donde las modas del momento exigen que las mujeres deben de ser delgadas y con una bonita figura. Esto pasa porque en los anuncios de productos, series de televisión, o películas, muestran solo a mujeres casi perfectas y los ojos de las personas se acostumbran a ver y percibir que las mujeres deben ser así.

Pero debemos tener en cuenta que eso no es real, que solo son películas, series o publicidad y que en la vida real las mujeres son como son. Su belleza no está para impresionar o competir, sino para sentirse bien.

El problema es que una mujer es muy propensa a ser insegura porque, por naturaleza, así como un hombre necesita sentirse valorado, una mujer necesita sentirse amada y protegida.

Cuando ella no percibe que recibe esto de su pareja, termina viviendo insegura y conformándose con lo poco que un marido le quiera ofrecer.

Pero estoy aquí escribiéndote para animarte, querida amiga, a que decidas tomar las riendas de tu vida.

La guerra que se gana cuando se pierde

No dependas de las buenas acciones de un hombre para sentirte bien, piensa que tú ya eres suficiente, estás completa y no necesitas más que eso.

Recuerda que no es necesario exigir para sentirte atractiva o atraer el amor de tu marido, basta con ser feliz, sin importar sus halagos. En otras palabras, tú no necesitas que te digan que eres bonita para sentirte bonita, porque tú ya lo eres, te lo digan o no.

No necesitas que te digan que se te ve bien ese vestido, porque con que a ti te guste es suficiente, no necesitas que le guste a alguien más para sentirte bien.

Solo ten la seguridad de que tú eres suficiente y, como decíamos al principio, ten el valor de amarte a ti misma; cuando tienes ese amor propio, el amor de alguien más solo tendrá valor si tú lo quieres, pero no será necesario.

Cuando tienes amor propio eres capaz de todo; por ejemplo, si hay algo que no te gusta de tu cuerpo y te gustaría mejorarlo, entonces lo harás porque te amas. Lo que quiero decir es que eres capaz de lograr y hacer más con el amor hacia ti misma que cuando lo haces para tener el amor de alguien más. Si aprendes a amarte lo suficiente podrás vivir como una mujer amada y segura.

Notas para tener en cuenta:

- La inseguridad es la principal causa de las exigencias y celos en una relación de pareja.
- Nuestra inseguridad nos puede conducir a arruinarle la vida a nuestro cónyuge.
- La falta de seguridad nos hace arreglar los problemas, como nuestros padres lo hacían.
- La inseguridad se la podemos heredar a los hijos.
- Una persona insegura no puede ser feliz.
- Mi pareja es como tierra fértil y mis acciones son como semillas, cosecharé lo que siembre en ella.
- La esposa es el reflejo de su marido.
- En la vida real, las mujeres no son como en las películas.

- Una mujer tiene la capacidad para independizarse de los halagos de su marido.
- Una mujer tiene más resultados cuando hace las cosas por amor propio que por el amor de un hombre.
- Una mujer que aprende a amarse lo suficiente puede vivir sintiéndose segura, amada, y feliz.

Capítulo 15:

AMOR SACRIFICADO

Creo que si has llegado hasta esta parte del libro es porque eres una persona que gusta de aprender y, por consecuencia, te estás convirtiendo cada vez más en alguien mejor. Por eso, de aquí en adelante, quiero compartir contigo acerca del amor sacrificado.

Es un tema similar a lo que hemos venido hablando, pero en otro nivel.

Nos enfocaremos primero en los beneficios que se obtienen en las áreas familiares y, al final, en el área laboral.

Si aprendes a practicar el amor sacrificado en estas áreas, es inevitable conseguir buenos resultados en todo lo que emprendas.

Por eso te pido que leas con mucha atención, recuerda lo que ya has leído con anterioridad para que no te sea difícil entender este tema y podrás convertirte en alguien que en verdad tiene los resultados de amar con sacrificio.

La mayoría de las veces tenemos una idea equivocada de amar a alguien, creemos que si amamos a una persona tenemos que sentirlo y emocionarnos cada vez que la miramos; pero como ya hemos dicho, esto no puede ser porque las emociones cambian de forma constante.

Por ejemplo, estoy seguro de que un día te has enojado tanto con tu pareja al grado que has querido matarla, pero después se te pasa el coraje y sientes que no podrías vivir sin ella.

Por eso, lo mejor es entender que el amor se trata de una decisión y que a veces, en la vida, vas a tener que hacer el sacrificio de amar; es decir, en ocasiones tendrás que hacer cosas que no te gustan en lo absoluto y que en lugar de sentir placer, vas a aborrecer hacerlo, pero las harás por amor a la persona que está contigo.

No pretendo asustarte con este tema, pero te pido que pensemos esto con detenimiento y desde una perspectiva propia. No desde la perspectiva de la mayoría de las personas porque, como ya sabes, en estos tiempos modernos nos enseñan a que si algo no te gusta, o que si no eres feliz, tienes que irte.

Pero te invito a pensar por ti mismo si es mejor correr como un cobarde en busca de alguien que te haga feliz, o quedarte como un valiente a construir tu propia felicidad.

Para entender un poco más del amor sacrificado y ser conscientes de los beneficios que puedes tener cuando decides amar de esa manera, quiero poner como ejemplo a la persona más famosa de todos los tiempos, a Jesucristo. Cuando yo apenas tenía unos doce años de edad, fui a la casa de uno de mis tíos y observé que tenía una Biblia en la sala de su casa. Por curiosidad, la abrí y comencé a leer la parte donde Jesús estaba hablando con Dios en un jardín llamado Getsemaní. En esa charla, Jesús le decía a Dios que Él ya no quería morir en la cruz. Te dejo la cita bíblica por si la quieres leer: **Mateo.26.39**

Esto me impresionó muchísimo, porque yo siempre había escuchado decir a los líderes religiosos que Jesús había decidido ir a morir en una cruz por amor a todas las personas, pero ahora estaba leyendo que Él no quería hacerlo.

Después de algunos años, decidí averiguar más del tema y me di cuenta entonces que Jesús estaba amando a los seres humanos con un amor sacrificado. El amor de Jesucristo se perfeccionó, porque Él no quería morir en una cruz, pero lo hizo y ese sacrificio es el mejor ejemplo de un amor sacrificado, en el que a pesar de no querer hacerlo, ni esperar nada a cambio, Él nos amó hasta la muerte.

Es así como nos damos cuenta de que el verdadero amor no espera que la otra persona haga algo por nosotros, sino que somos nosotros quienes decidimos hacer las cosas que serán buenas para las personas que amamos. Podemos darnos cuenta de que amar con ese tipo de amor, en realidad, nos trae muchos beneficios; sin contar que nos convierte en personas más alegres y podemos vivir con una mentalidad de ganadores.

Para seguir con el ejemplo de Jesucristo, veamos cómo otro personaje bíblico, llamado Pablo, escribió en una carta a los Hebreos y les dijo algo tan impresionante que nos puede ayudar a entender por qué Jesús decidió sacrificarse por amor y los beneficios que esto le trajo. En **Hebreos 12.2** dice que Jesús soportó morir en la cruz sin hacer caso de lo vergonzoso de morir así, porque sabía que después del sufrimiento tendría gozo y alegría y se sentó a la derecha del trono de Dios.

Amor sacrificado

¿Puedes entender lo mismo que yo? Para Jesús fue muy difícil morir en la cruz, pero lo soportó porque sabía que, después de eso, conseguiría tres cosas muy valiosas: gozo, alegría y un lugar importante en el trono de Dios.

Te pido que pienses con cuidado en estas tres cosas, para que te des cuenta de que no las puedes comprar con nada, es decir que no están en venta, pero las consiguen aquellos que deciden amar sin esperar nada a cambio. Estas son precisamente las tres cosas que una persona necesita para vencer todos los miedos y vivir un estilo de vida bueno en verdad.

Todas las personas en el planeta buscan tener gozo y alegría, y los que creen en Dios también esperan tener vida eterna.

Amar con un amor sacrificado no es algo que todos pueden hacer, pues hoy en día pareciera que el egoísmo está de moda; las personas pensamos en nosotros mismos antes que en los demás.

Incluso una persona que piensa primero en los demás es etiquetado como un tonto, pero te pido que recuerdes lo que leíste con anterioridad: si te amas a ti mismo, podrás amar de la manera correcta a los demás.

Esfuérzate por siempre hacer el sacrificio de aceptar y respetar a las demás personas. Al final, el fruto de ese sacrificio lo cosecharás tú.

Es como si las personas fueran el campo que tienes para sembrar tus acciones, siempre tienes que ser consciente de que las personas no cooperan para que tú seas bueno con ellas.

Pero aunque la gente no lo merezca, ellos siguen siendo ese campo donde puedes sembrar y cosechar esas tres cosas que no se pueden comprar con dinero. La mayoría de las veces vas a tener que sacrificarte por amor y, por eso, estarás cosechando gozo, alegría y, si crees en Dios, vida eterna.

Estas tres cosas deberían ser un motivo suficiente para dejar de ser egoístas y hacer más por los demás.

Al final de cuentas, como ya se sabe, es mucho mejor dar que recibir, porque recibir está limitado únicamente a lo que te dan.

Pero cuando tú das algo que beneficia a alguien más, no solo te sientes mejor contigo mismo, sino que, como ya leímos, esto te llenará de gozo y alegría.

Esto significa que el egoísmo es la principal razón por la cual las personas no sienten gozo, no tienen alegría en sus corazones y eso los hace ser personas amargadas que nunca dan nada, porque piensan que no tienen nada que ofrecer.

Pero cuando se entiende que el verdadero amor es a través del sacrificio, te das cuenta de que tú das algo, no porque te sobre, sino porque sabes que dar algo a los demás, te hará vivir la vida llena de gozo. Vivirás sabiendo que la fuente de tu alegría está en dar y amar a la gente, no porque la gente haga méritos, sino porque has aprendido a amar, con amor sacrificado, a los demás.

Notas para practicar el amor sacrificado:

- El amor sacrificado significa amar en otro nivel.
- Es de personas valientes amar con amor sacrificado.
- Debo entender que el amor sacrificado es independiente a lo que yo quiero.
- Las tres monedas con las que se paga a las personas que practican amor sacrificado se llaman gozo, alegría y vida eterna.
- Las personas son el campo donde puedo sembrar amor sacrificado.
- El egoísmo es totalmente opuesto al amor sacrificado.
- El egoísmo es la causa principal por la cual las personas no tienen gozo, alegría ni esperanza.
- Una persona que no tiene amor sacrificado no tiene nada que dar.
- Amar con amor sacrificado me beneficia más a mí que a las personas.

Capítulo 16: AMOR SACRIFICADO EN LA PAREJA

Aunque hemos hablado sobre el amor de pareja en capítulos anteriores, quise concluir el tema en este capítulo tras haber entendido cómo funciona el amor sacrificado. Solo con un amor así es que dos personas que se aman pueden llegar juntos al final de sus vidas.

Además, pensé que tú, o alguien que conoces, podría estar pasando por momentos difíciles en el matrimonio y esto puede ayudarlos a vencer esa crisis y salir adelante con la persona que aman.

Quizás sientas que ya no puedes más y han querido rendirse y separarse para ya no tener que soportar esa situación.

Pero déjame darte dos consejos muy sencillos:

Si en tu matrimonio existe infidelidad o violencia física, y cualquiera de los dos no quiere buscar ayuda profesional, entonces sepárate. No vaya a ser que un día las cosas se salgan de control y terminen en una terrible desgracia.

Si en tu matrimonio no existen estas dos razones ya mencionadas, y solo piensas en el divorcio porque crees que eso solucionará todos los problemas en tu vida, entonces no lo hagas. Eso sería rendirse y tú no eres un perdedor.

Además, tienes que saber que la mayoría de los problemas en un matrimonio se dan por no entender el amor sacrificado.

Para comprenderlo mejor, piensa cómo se ve realmente una ceremonia de boda. Las personas caemos en el error de pensar que una boda se trata solo de un traje costoso, un vestido blanco, muchas flores y una fiesta muy grande y lo peor es que relacionamos todo esto con un cuento de hadas, donde pensamos que todo esto termina con el clásico: vivieron felices para siempre.

Pero esto no es así. En la vida real no existe el vivir felices por siempre.

Creo que vivimos en tiempos donde tendríamos que reformar la ceremonia de bodas para concientizar más a los novios de los compromisos de un matrimonio.

Con algunas excepciones, cuando vamos a una boda, a los novios se les hacen las siguientes preguntas:

¿Aceptas casarte y estar con tu pareja para tenerla y protegerla? ¿Estar con ella en la salud y la enfermedad? ¿En la riqueza y la pobreza? ¿Amarla y respetarla todos los días de tu vida?

Es en este momento donde todo pareciera ser muy conmovedor.

Algunos de los invitados lloran de emoción, pero aquí vamos a analizar bien estas preguntas, porque pareciera ser que los novios solo escuchan lo siguiente:

¿Aceptas estar con tu pareja para tenerla? ¿Estar con ella, en la salud y en la riqueza? ¿Amarla algunos días de tu vida?

Cualquier novio acepta los términos del matrimonio cuando se perciben de esta manera, pues es muy fácil estar con alguien cuando no requiere sacrificio de parte de nosotros.

La mayoría de los matrimonios fracasa precisamente por pensar que el matrimonio funciona sin compromiso y sacrificio, pero pienso que los novios serán más conscientes de la responsabilidad que conlleva un matrimonio si las preguntas se percibieran de esta manera:

¿Aceptas casarte con tu pareja para protegerla y estar con ella en la enfermedad y la pobreza? ¿Respetarla cada día hasta que tú mueras?

Esto tiene mucho más sentido, porque si algo es seguro en los matrimonios, son los momentos difíciles. Toda pareja tendrá que atravesar momentos de crisis, escasez, enfermedad y pruebas en donde vamos a tener que decidir si respetamos o no a nuestra pareja.

Solo si entiendes lo que es el amor sacrificado vas a vencer todas las crisis matrimoniales, porque sabrás que el compromiso de amar con sacrificio es lo que te dará gozo y alegría.

Amigos, dejemos de ser infantiles y no sigamos creyendo que la vida es fácil. Cuando eras un niño, tus padres se encargaron de ti; tu deber solo era divertirte y aportar lo que pudieras a tu casa.

Pero ahora estás en otra etapa de tu vida, se terminaron los tiempos de niño donde podías ser irresponsable y no sucedía nada, ahora una pequeña irresponsabilidad te puede costar todo.

Por eso, es mejor vivir como ya sabemos que debemos hacerlo; ya somos adultos que podemos pensar por nosotros mismos.

Amor sacrificado en la pareja

Debemos darnos cuenta de que nosotros dimos nuestra palabra de estar, hasta el final de nuestros días, con la persona que escogimos para compartir la vida. Debemos cumplir, no porque sentimos bonito al hacerlo, sino porque es lo correcto.

Aquí es donde tiene mucho sentido el amor sacrificado. Cuando decidimos cuidar a la persona con la que nos comprometimos, esa persona que nos entregó todo y lo mejor de sus años, ¿cómo podríamos ser tan desagradecidos como para abandonar a la persona a la que un día, mirándola a los ojos, le prometimos estar a su lado hasta el final?

Abandonar la relación porque atraviesa una crisis sería una acción de cobardía, es tenerle miedo a la responsabilidad que por nuestra propia voluntad aceptamos tener.

Muchas personas cometen este error y deciden separarse creyendo que están con la persona equivocada. Lo que no toman en cuenta es que todas las personas serán las equivocadas para alguien que no ha entendido que el amor se trata de dar, sin esperar recibir nada.

Recuerda que, si tienes amor propio, no necesitas que alguien venga a complementarte; tú ya estás completo y si comienzas una relación con alguien no es para pedir o mendigar amor, sino para amarle y agregarle cosas buenas a su vida.

Quizás sucedieron cosas en tu pasado y tuvieron que separarse y ahora tienes una nueva relación. Te pido que te esfuerces mucho para que ya no vuelva a suceder lo mismo, esta vez atrévete a dar mucho más y no esperar nada.

No caigas en la mentira de que tu pareja es tu media naranja, porque no existen medias naranjas, solo naranjas completas.

Recuerda que tú ya estás completo y si estás en una nueva relación es porque tienes algo que ofrecer, no porque tengas cosas que pedir.

En el ejército de cada país existe una misma regla entre los soldados. Todos los días la repiten para no olvidarla; la regla dice: No se deja solo a un compañero en el campo de batalla.

Necesitamos el valor de un soldado para que, cuando pasemos por crisis matrimoniales, podamos decir con valentía: **No se deja solo a un compañero en el campo de batalla.**

111

Si quieres fortalecer tu relación de pareja, siempre debes de tener en cuenta que:

- Solo con un amor sacrificado se puede llegar juntos hasta el final de nuestras vidas.
- Los matrimonios sufren por no entender el amor sacrificado.
- Es muy fácil para una persona aceptar el compromiso del matrimonio cuando no entiende el sacrificio.
- No podemos abandonar a la persona que nos entregó lo mejor de sus años.
- Abandonar la relación en un momento de crisis sería una acción de cobardía.
- Todas las personas serán la pareja equivocada para alguien que no entiende el amor sacrificado.
- Si comienzo una relación es porque tengo algo que dar y no algo que pedir.
- No existen medias naranjas, solo naranjas completas.
- No se deja solo a un compañero en el campo de batalla.

Capítulo 17: AMOR SACRIFICADO EN LOS HIJOS

El mejor ejemplo que se tiene de un amor sacrificado, es el amor a los hijos.

Aunque es verdad que una madre es la que más sufre para traer un hijo al mundo, también un padre se sacrifica mucho por amor.

Desde que un hijo es concebido, muchas cosas comienzan a cambiar. Si eres mamá, es probable que desde que supiste que había una personita en tu vientre comenzaste a pensar más en tu bebe que en ti misma. Quizás dejaste ciertas bebidas y comidas que disfrutabas mucho, o a lo mejor dejaste el trabajo que tanto te gustaba.

Tenías mucho miedo al dolor del parto, pero fuiste valiente y caminaste por los pasillos de aquel lugar, directo al cuarto donde sabías que sentirías el dolor más grande de tu vida. Pero eso no te detuvo, porque el amor que sentías era más grande que tu dolor. El único pensamiento que te hizo sentir fuerte fue el de traer a la vida a esa criatura que despertó en ti el amor del que estamos hablando: ese amor que no toma en cuenta el dolor y que nada puede detenerlo cuando se trata de abrazar a alguien a quien se ama con amor sacrificado.

Si eres un padre y estuviste presente en el lugar donde nació tu primer hijo, de seguro experimentaste qué se siente tener una razón para estar vivo.

Fue ahí donde, quizás sin darte cuenta, se activó en ti el amor sacrificado; porque si lo piensas bien, un hijo es una responsabilidad que no se termina nunca.

Podemos preguntarnos cómo se puede amar tanto a alguien que lo único que nos causará son noches sin dormir, gastos excesivos en pañales, leche, ropa y todas las cosas que necesita un bebe para crecer.

A eso tenemos que sumarle que un hijo te quita la libertad que te queda después del matrimonio, porque ya no podrás salir a los lugares a los que irías si no tuvieras un hijo pequeño.

Y cuando este va creciendo, las responsabilidades aumentan porque tienes que llevarlo todos los días a la escuela y comprar más cosas que ahora él te pide. Además de que cada día come más y más, de manera que a veces sientes que te odia y quiere terminar con tus ahorros.

Claro que tienes la esperanza de que, cuando crezca, será consciente de todo lo que haces por él y esperas que sea agradecido; pero en lugar de eso te causa dolores de cabeza cuando no llega a la hora que dijo que lo haría y tienes que aguantar sueño esperando que cuando menos te llame para decirte que se encuentra bien.

Pero no importa qué tan mal agradecido sea, o qué tantos corajes te haga pasar, tú siempre lo amarás y siempre querrás lo mejor para él.

No porque él sea el mejor hijo, sino porque lo amas sin esperar nada a cambio. Ninguno de tus regaños son para tu beneficio, sino para el de él. Aunque él no piense en tu bien, tú harás todo lo que esté a tu alcance para que él tenga un buen futuro.

Así es como los seres humanos podemos darnos cuenta de que sí tenemos la capacidad de amar: por nuestros hijos. Podemos sentir en carne propia que el amor a veces duele, pero en muchas otras nos da mucha felicidad.

Pero hablando de dolor, quiero aprovechar este espacio para darte algunas palabras de ánimo, porque aunque los hijos son algo muy bonito y se convierten en las personas que más amamos, pueden también convertirse en las personas que más nos hacen sufrir. Porque quién mejor que un hijo para arruinarte la vida cuando comete un error y perjudica a toda la familia o cuando es desobediente y, en lugar de traer felicidad a la casa, trae problemas que te afligen y él actúa como que nada le importa.

Quiero enseñarte algo que, estoy seguro, te ayudará a ser más efectivo con tus hijos. Solo tienes que entender bien cómo funciona tu autoridad y tu influencia.

Por ejemplo: cuando un niño nace, siempre es dirigido por la autoridad e influencia de los padres. Cuando usas tu autoridad, le das órdenes como que se termine la sopa, que deje de jugar videojuegos, que no esté brincando en los sillones. Tu hijo puede sentir tu autoridad y te obedecerá.

Amor sacrificado en los hijos

Pero debes saber que mientras tu hijo crece, tu autoridad disminuye hasta desaparecer. De manera que llegará el momento en donde tu hijo ya no mirará autoridad en ti. Pero, en cambio, tendrás influencia. Y si tú no entiendes esto, entonces querrás guiar a tus hijos con una autoridad que ya no tienes, por eso, seguido observarás cómo tus hijos no te hacen caso. No te obedecen, se meten en un problema y otro, sin que tú puedas hacer nada para evitarlo.

Esto pasa porque no has entendido que solo a través de la influencia será que puedas ayudar a tus hijos. La influencia no se basa en dar órdenes, sino en inspirar a tus hijos a hacer las cosas bien.

La influencia se consigue con el tiempo que pasan juntos. Por ejemplo, seguro que cuando pasas mucho tiempo con una persona que tiene un tono de voz diferente al tuyo, sin darte cuenta, comienzas a hablar con ese mismo tono; incluso usas palabras que antes nunca usabas. Esto sucede porque, sin que tú lo quieras, estás siendo influenciado por el tiempo que pasas junto a esa persona.

Lo mismo sucede con nuestros hijos; en algún momento vemos cómo su comportamiento comienza a cambiar y, si sus acciones son malas, queremos usar nuestra autoridad, que ya no tenemos, para ordenarle que ya no se junte con ciertos amigos que lo están mal influenciando.

Pero deberíamos tener en cuenta que, así como otros influencian a nuestros hijos, nosotros también podemos hacerlo; solo necesitamos pasar tiempo juntos, pero debe ser un tiempo donde los involucremos en nuestra vida para que ellos conozcan a sus padres.

Puede que te suene extraño, pero me he dado cuenta de que muchos hijos no conocen a sus padres, aunque viven en la misma casa. Solo los conocen de vista, pero no de una manera personal.

Para que te des cuenta de que lo que te digo aquí es verdad, te pido que cuando termines de leer este capítulo le preguntes a uno de tus hijos menores algunas preguntas sobre ti.

Las preguntas pueden ser: El nombre del lugar donde naciste. Tu segundo apellido. Los nombres y los apellidos de tus padres. Los nombres de tus hermanos. Tu fecha de nacimiento. La fecha de tu aniversario. Cómo se llama la compañía en la que trabajas. Qué es lo que haces en tu trabajo. Cuánto te pagan a la semana. Cuánto es el pago de la casa o renta. Qué es lo que más te da miedo. Qué son las cosas que más te gusta hacer.

Solo son doce preguntas sencillas de cosas cotidianas que, por muy mala comunicación que tengas con tus hijos, ellos deberían saber contestarlas.

Pero si no pueden contestar cuando menos seis de ellas, esto significa que no tienes influencia sobre ellos y la razón es que no te conocen.

Como ya dijimos, si nosotros somos influenciados por pasar tiempo con alguien, cuánto más lo será un joven que todo el tiempo está aprendiendo de los demás.

Hablando de aprender, hay que tener en cuenta que las personas que asisten a la escuela, ya sean maestros o alumnos, tienen la mayor influencia sobre nuestros hijos, porque es ahí donde más tiempo pasan.

Solo piensa que si los maestros y compañeros de escuela influencian a tu hijo ocho horas diarias, es muy obvio que si no haces algo al respecto pronto tendrás un desconocido en casa, alguien a quien no le importa la familia, sino solo sus amigos.

La única forma de arreglar este tipo de problema es a través de tu influencia. Ya no pierdas el tiempo intentando mostrar autoridad, porque tus hijos ya no te tienen miedo.

No te confundas pensando que tienes autoridad porque en ocasiones les gritas, que mientras vivan en tu casa se tiene que hacer lo que tú dices, porque eso también se los puede decir un amigo que les dio permiso de vivir en su casa. Es decir que no necesitas ser el padre de alguien para gritarle que en esa casa hay reglas y que si quieren vivir ahí tienen que cumplirlas.

En conclusión, no va a ser a través de gritos y una falsa autoridad que ayudarás a tus hijos.

Si de verdad quieres ver un cambio en ellos, es necesario que tengan una relación muy cercana y sabrás que eso está sucediendo cuando trabajes en tu influencia con ellos. También debes preguntarte qué tanto conoces a tus hijos, porque no vas a poder ser una influencia y mucho menos inspirar a alguien que no conoces.

Si haces esto, no solamente ayudarás a tus hijos, sino que ayudarás a todos los de tu familia, porque una familia unida es una familia feliz. Además, tu matrimonio se va a fortalecer, porque un hijo problemático causa muchos problemas e incluso puede provocar un divorcio.

Amor sacrificado en los hijos

He podido confirmar en diferentes ocasiones que una de las principales causas de divorcio en las parejas son los hijos. Como ya dijimos, los padres amamos sin ningún límite a los hijos y es este tipo de amor el que nos hace muy vulnerables a sufrir las consecuencias de los descuidos.

Por ejemplo, en la mayoría de las parejas sucede que la relación se basa en el amor por los hijos. Sus pláticas son respecto a que si ya comió el niño, que si van bien en la escuela, que necesitan más ropa, zapatos, etc. Aun cuando la pareja sale a pasar un tiempo juntos, por lo general, las charlas son de las gracias que hacen los niños o de los problemas que causan los hijos adolescentes.

Cuando los hijos se convierten en jóvenes, las charlas en pareja se tornan en temas relacionados con el dinero, el nuevo coche para el ahora hijo joven, la universidad, la novia y un sin fin de cosas.

Aunque esto puede sonar normal en los matrimonios, el verdadero problema comienza cuando los hijos se van de casa, ya sea porque deciden ir a la universidad o simplemente se casan y se van a formar un nuevo hogar.

El matrimonio ya no tiene de qué platicar, es decir, que ya no tienen nada en común; si deciden salir para pasar tiempo juntos, ahora están en silencio.

Solo para mostrar más a detalle este tema te pido que la próxima vez que mires a una pareja mayor de cincuenta años los observes con cuidado y te darás cuenta de que, la mayoría de ellas, no platican. Solo están callados, bebiendo algo y viendo sus celulares.

Lo más triste de todo esto es que, al no tener nada en común, se aburren y es cuando piensan en una separación; esto es terrible porque se supone que un matrimonio termine juntos sus días.

Pero la raíz de un problema así se origina desde que el amor de los hijos nos deslumbra y no podemos ver el daño que le hacemos a nuestro matrimonio.

Por eso es importante que sepas que la persona que más debes cuidar en tu familia es tu pareja, para que cuando los hijos se vayan, tu matrimonio siga manteniéndose fuerte y aún mejor, ya que no tendrás más responsabilidades con los hijos.

La verdad es que, en tu familia, solo con tu pareja tienes que practicar el amor sacrificado.

Porque con los hijos se da por naturaleza: los alimentas, los vistes, les das estudio, pagas para cortarles el cabello, pagas también sus entradas al cine, la comida en los restaurantes y les provees todas las cosas que necesitan. Lo haces sin dolor, incluso te da placer cuando puedes darle tantas cosas a tus hijos. En otras palabras, es un amor sacrificado que no te cuesta.

Pero con ese mismo amor debes esforzarte para amar y cuidar a tu pareja. Porque la ley de la vida es que tus hijos se vayan lejos de ti, para formar su propia familia. Pero la ley de la vida en tu matrimonio es que al cerrar para siempre tus ojos, la última persona que veas sea la persona que amaste y que te amó, y que juntos puedan decir: Lo logramos y terminamos la carrera juntos.

Es así como podrás irte de este mundo con la satisfacción de tener en tus manos la mano de la persona con la que prometiste estar todos los días. Morirás sabiendo que cumpliste tu palabra de mantenerte a su lado hasta el fin y cerrarás tus ojos como un valiente guerrero que se duerme para tener un merecido descanso.

Notas para recordar:

- El mejor ejemplo del amor sacrificado es el amor a los hijos.
- El amor que sentimos por los hijos cambia nuestra manera de vivir.
- Ningún dolor existente es más fuerte que el amor sacrificado por los hijos.
- Nadie más que un hijo puede arruinar la vida de los padres.
- Lo único que tengo para ayudar a mis hijos jóvenes es mi influencia.
- La mayoría de los hijos únicamente conoce a sus padres de vista.
- No puedo tener influencia sobre alguien que no me conoce.
- Las personas que más influencian a nuestros hijos son los de la escuela.
- Si no soy una influencia para mi hijo, pronto tendré un desconocido en casa.

Amor sacrificado en los hijos

- El amor sacrificado en los hijos es algo natural en los padres.
- Un amor natural en el matrimonio no puede competir con un amor sacrificado de los hijos.
- La ley de esta vida es que mis hijos se vayan de mi lado, pero que yo termine la carrera de la vida junto a la persona que decidí amar.

Capítulo 18:
AMOR SACRIFICADO EN LOS PADRES

Ya que estamos hablando de la familia, no quiero terminar este tema sin antes hablar acerca de los padres, porque ellos son las personas que más influencia debieron tener sobre nosotros y deberían ser parte de las personas más importantes en nuestra vida.

Desde que era muy chico, me llamó la atención cómo se nos enseñaba que, si respetamos a nuestros padres, Dios nos bendecirá.

Sin embargo, no fue un tema que tuviera mucha importancia para mí, ya que mi relación con mi padre no era de lo mejor.

Pero ya de grande, cuando leí la cita bíblica por decisión propia, me di cuenta de lo importante que esto era; te comparto la cita para que veas cómo dice con exactitud:

Efesios 6:2-3
2 Honra a tu padre y a tu madre, que es el primer mandamiento con promesa; 3 para que te vaya bien, y seas de larga vida sobre la tierra.

Para poder ver lo poderoso que esto puede ser, y cómo esto te puede cambiar la vida como me la cambio a mí, descifremos con cuidado estas palabras, ya que se encuentran escritas en un libro divinamente inspirado.

La palabra honra significa mostrar respeto y consideración. Entonces podemos asumir que lo que Dios necesita para bendecirte es que te esfuerces para tener estas dos cosas con tú padres:

Respeto. Recuerda que uno de los frutos del amor es el respeto, esto quiere decir que no es lo que sientes, sino el compromiso que tienes contigo mismo para amar. Debes asegurarte de que tus padres se sientan amados y respetados por ti. Quizás no sientas que los amas porque ellos fueron malos contigo, pero es a ti a quien le conviene más tener respeto hacia ellos; no tienes que sentirlo, solo hacerles sentir a ellos que los respetas.

Consideración. Es importante que consideres quiénes son ellos para ti. Puede ser que solo mires lo irresponsables que fueron o lo mal que te trataron y a lo mejor tengas toda la razón. Pero lo que Dios te recomienda es que consideres quiénes son ellos para ti, no por sus hechos y sus acciones, sino por lo que representan en tu vida. Solo para ayudarte, te digo que tengas en cuenta que tus padres son las personas que te pueden promover.

Esto cobra tanto sentido cuando vemos la parte siguiente de la cita bíblica que dice: *Para que te vaya bien.*

Imagínate que la garantía de que te va a ir bien depende de cuánto respeto y consideración tienes con tus padres. Es importante entender esto, porque así es como te ahorrarías mucho trabajo en tu vida. Solo piensa cómo sería tu vida si conseguir algo que quieres lograr te lleva veinte años, pero como decides considerar y respetar a tus padres, la promesa se cumple en tu vida y solo te toma cinco años. Valdría la pena arreglar las cosas con tus padres, ¿verdad?

Pero no termina ahí, la siguiente parte de la cita bíblica dice: *Y seas de larga vida sobre la tierra.*

Esto significa que no te enfermarás, al menos no con enfermedades que pueden acabar con tu vida. Imagínate que puedes vivir confiado de que te va a ir bien en todo lo que emprendas y además vas a ahorrar mucho, porque no gastarás en medicinas o doctores y tu destino es vivir muchos años. Esto es increíble, ¿cierto?

Puede ser que te has esforzado tanto y no has logrado mucho, porque no le has puesto importancia al asunto de la relación con tus padres.

Pero hoy puedes tomar la decisión que va a cambiar tu vida, porque tus padres son las personas portadoras de una bendición especial para ti y la puedes extraer de ellos, arreglando sus diferencias, respetándose y considerándolos.

Quizás parezca que es difícil, pero no lo será si consideras que el más beneficiado eres tú.

Se muy bien lo que te estoy diciendo, porque yo pasé muchos años resentido con mi padre; como ya te dije, no tuvimos la mejor relación de padre e hijo, pero cuando aprendí esto, decidí considerarlo. Un día que comencé un negocio y recibí mi primera ganancia, se la mandé a mi papá.

Amor sacrificado en los padres

Lo llamé y le conté que me había ido bien en mi emprendimiento y quería compartir mi primera ganancia con él.

Confieso que no fue nada fácil hacer eso, pero de ahí en adelante continué considerando a mis padres; cada vez que ganaba algo, lo compartía con ellos.

Hacer estas cosas hizo que las heridas, tanto en mi padre como en mí, comenzaran a sanar; para no aburrirte con mi historia, te cuento que un día mi padre vino a mi casa. Después de una larga charla, él me pidió con esa voz gruesa y atemorizante que tiene que me pusiera frente a él y que cerrara mis ojos. Pensé que estaba en problemas, pero pronto sentí su mano cálida sobre mi cabeza y con unas pocas palabras me bendijo y le pidió a Dios que todo lo que yo hiciera prosperara. Después los dos lloramos y nos abrazamos, no sé si temblábamos de nervios o por qué motivo, pero de algo estaba seguro: ese día, mi vida ya había cambiado.

Creo que Dios escuchó la oración de mi padre. Desde ese día las cosas comenzaron a salir mejor. Los dolores que tenía en mi cuerpo se fueron, logré hacer mucho más en el primer año reconciliado y considerando a mi padre, que los veinte años bien trabajados que había pasado.

Este libro es una muestra de ello. Siempre había querido escribir, pero ni siquiera sabía por dónde comenzar, hoy tú estás leyendo mi segundo libro. Y te cuento mi historia para que tú también decidas ser más fuerte que tus resentimientos.

Reconcíliate con tus padres y disfruta de la bendición que esto trae.

A lo mejor tu padre nunca estuvo contigo y no puedas considerarlo, porque ni siquiera sabes dónde está, pero sí puedes hacerlo en tu corazón, honrarlo y dar gracias a Dios por él. Pídele que lo bendiga donde quiera que él se encuentre; sé que es muy difícil lo que te estoy pidiendo, pero si has aprendido a amarte a ti mismo, sé que lo harás no por él, sino por ti.

A lo mejor tus padres no están contigo, porque ya partieron de esta tierra. Aun así, dale gracias a Dios por el tiempo que estuvieron vivos, perdona todo lo que no hayan hecho bien, cierra de una vez las heridas que pudieron haberte causado y en lugar de lamentarte porque Dios se los llevó, mejor agradece por el tiempo que estuvieron juntos.

Quizás tu relación con tu padre no es buena y pienses que no puedes respetarlo y mucho menos considerarlo. Pero piensa que tienes sus apellidos y el mismo tipo de sangre; de hecho, aunque te moleste un poco, casi seguro que tienes algunas facciones de él y en algunas áreas piensas similar a como lo haría él.

Perdóname si sientes que te comparo con él, pero en realidad lo que pretendo hacer es que puedas considerarlo, porque a lo mejor cuando eras un adolescente no lo pudiste entender, pero ahora que eres mayor y que piensas y sientes las cosas de manera similar a él, te será más fácil comprenderlo y entender que, para él, la vida tampoco fue fácil; a lo mejor tomó malas decisiones porque en ese momento creyó que era lo mejor.

También es importante que te des cuenta de que tus padres no tuvieron la oportunidad de aprender las cosas que tú has aprendido hasta ahora, pues antes la información que nos educa no estaba al alcance de todos.

Pero es bueno que tú sí has podido aprender y te has rodeado de personas que te ayudan a mejorar cada día, por eso estás leyendo este libro y has llegado hasta aquí.

Te pido que uses todo el conocimiento que has adquirido para que perdones y ayudes a tus padres, pues es así como tienes la garantía del cumplimiento de la promesa que el mismo Dios nos hizo a los seres humanos: Que si honramos a nuestro padre y a nuestra madre, nos irá bien en todo lo que hagamos, tendremos menos probabilidades de enfermarnos, y viviremos muchos días.

Cosas que no debemos olvidar acerca de los padres:

- Los padres son las personas que más influencia debieron tener sobre mí.
- Existe una promesa divina de que si considero a mis padres voy a prosperar.
- La consideración a mis padres me garantiza una larga vida.
- Me conviene más a mí arreglar las cosas con mis padres.

Amor sacrificado en los padres

- Mis padres son portadores de una bendición para mí, solo tengo que extraerla honrándolos.
- La bendición de mis padres es muy poderosa.
- Mis padres no tenían conocimiento de las cosas que ahora estoy aprendiendo.
- Tener una sana relación con mis padres me garantiza prosperidad, salud, y una larga vida.

Capítulo 19:
AMOR SACRIFICADO EN EL ÁREA LABORAL

No podemos negar que la mayor parte de nuestro tiempo lo pasamos tratando de conseguir recursos económicos, es por esta razón que no podemos ser descuidados en esta área tan importante de nuestras vidas.

Lo mejor es estar conscientes de que vamos a invertir la mayor parte de nuestra estancia en este planeta consiguiendo los recursos para vivir, por eso es mejor hacerlo de la manera más conveniente.

Primero debemos entender que este es un tema que nos involucra a todos, porque podemos tener diferentes maneras de trabajar, pero el objetivo siempre es el mismo: ganar recursos económicos.

Siempre es bueno que en esta área te mantengas muy alerta, con tu mente abierta y dispuesta a encontrar nuevas posibilidades, porque los tiempos cambian muy seguido y con ello cambia la manera de trabajar y ganar dinero.

Por ejemplo: hoy en día, donde la tecnología forma parte de nuestras vidas, ya no solo es importante ganar más dinero, sino también tener más tiempo libre.

Porque estamos viviendo en tiempos en donde las personas pueden ganar fácilmente un montón de dinero y nunca tener tiempo para gastarlo.

Seguramente sabes de qué hablo, porque casi todos conocemos a alguien al que le va bien económicamente, tiene una casa grande y bonita y una buena suma de dinero en su cuenta de banco; sin embargo, trabaja mucho todos los días como si lo necesitara todo, nunca se compra nada y hacer un viaje para disfrutar y conocer un nuevo lugar es casi imposible. Siempre está ocupado en su trabajo así que, aunque tiene dinero, vive como si no lo tuviera.

Por otro lado, podemos observar cómo la mayoría de las personas disponen de mucho tiempo libre para hacer lo que sea, pero por la falta de dinero no pueden hacer nada. Así es como se miran estos dos extremos de escasez de dinero y de tiempo libre.

Podemos asumir que estos dos grupos de personas pueden no ser felices, porque los dos se sienten incompletos.

Por un lado, uno tiene dinero, pero no tiene tiempo, mientras que el otro quisiera tener dinero porque el tiempo le sobra. Sin embargo, una persona que logra tener un balance en estos dos extremos es, aparentemente, alguien exitoso.

A simple vista podríamos ver que dispone de los dos recursos tan valiosos y por consecuencia no carece de nada, pero a estas alturas de nuestras vidas ya tuvimos que habernos dado cuenta, que esto no es así.

No te deslumbres tan fácil pensando que eso es éxito, porque aunque una persona logre tener tiempo y dinero en grandes cantidades, si no tiene amor por lo que hace, nunca será feliz.

Si no te gusta lo que haces, no querrás pasar tiempo en ello. Solo lo harás porque te da buenas ganancias, pero vivirás condenado a hacer algo que no disfrutas.

Esto sería como si te casaras con alguien a quien no amas y solo lo haces por su dinero; puede ser que vas a disfrutar los beneficios y la comodidad que el dinero te ofrece, pero a cambio tendrás que soportar las náuseas causadas por estar cerca de alguien a quien no amas.

Lo mejor sería encontrar las cosas que realmente te apasiona hacer, para que disfrutes trabajar en eso. De esa manera, ya sea que te encuentres trabajando o teniendo tiempo libre, tendrás garantizada la satisfacción de lograr hacer aquello que te apasiona y te hace feliz; aún y cuando no tuvieras los resultados esperados, te sentirás contento. Eso es parte del éxito en nuestros emprendimientos.

Cuando amas lo que haces, desactivas los límites y las barreras desaparecen; es con el amor a tus proyectos que puedes llegar tan lejos como te lo propongas, porque el amor es la fuerza más poderosa en el planeta y no existe nada que pueda contra él.

Por eso, si amas con pasión lo que haces para lograr tus sueños, es inevitable el éxito. El amor te vuelve imparable. Cuando ya tienes una meta, las excusas pierden poder, porque el amor vence todo lo que te quiere alejar de tu destino.

Por razones de mi trabajo como conferencista he conocido a grandes líderes de muy prestigiosas empresas que no están teniendo resultados como los debieran tener, de acuerdo a su alta capacidad y el potencial de la empresa, y me he dado cuenta de que esto sucede porque no se han enamorado de su trabajo.

Amor sacrificado en el área laboral

Es decir, que aunque están seguros de que ese es el negocio que quieren hacer el resto de su vida, no le dedican el tiempo que se requiere. Como ya dijimos, las cosas a las que más les inviertes tiempo son las cosas que más valiosas se vuelven para ti y al no sacrificar el tiempo necesario en tu negocio, te hace sentir la sensación de que no es importante que lo hagas.

Es así como se pueden pasar los años creyendo que más adelante harás lo que se necesita para desarrollar tus ideas laborales; pero no te engañes, tú sabes bien que la semilla que produce el éxito se llama sacrificio, no puedes esperar comer el fruto del éxito sin sacrificarte.

Como estuvimos aprendiendo durante todo el libro, tú puedes vivir seguro de que amas, no por lo que sientes sino por el compromiso que tienes de hacerlo.

Tienes que enamorarte de lo que estás haciendo si pretendes conseguirlo, esto lo lograrás cuando te sacrifiques y le inviertas el tiempo suficiente.

Verás cómo poco a poco vas a comenzar a amar tu negocio con tantas fuerzas que ya nada ni nadie podrá detenerte.

Te recomiendo que, si vas a invertir tu vida en esas ideas que estás desarrollando, lo hagas bien y con todo el corazón. Porque tu vida es demasiado valiosa como para que la estés malgastando en algo que no estás disfrutando.

Quizás pienses que sueno como un extremista, pero lo comprobarás por ti mismo cuando comiences a amar tu negocio. Tu vida se tornará a ser como la de un joven que se enamora por primera vez y quiere casarse con la persona que ama, entonces sus familiares le dirán que está pensando locuras y que no es una buena idea casarse; querrán de muchas maneras evitar que lo haga, pero él lo va a hacer de todos modos, porque su amor es más grande que su razonamiento.

Después de comprometerse en matrimonio, se multiplicará procreando hijos, y sus hijos le darán nietos, y sus nietos a sus bisnietos. No tendrá un límite de crecimiento genealógico.

Todo esto se dará porque su amor fue más grande que su miedo al compromiso y más fuerte que las críticas desalentadoras de la misma familia.

Así mismo sucede dentro de nosotros cuando tenemos una idea de negocio y anhelamos traerla a la realidad.

Todo inicia por un pensamiento, después se convierte en una gran idea que nos atrae y comenzamos a enamorarnos de ella. Comenzamos a pensar tanto en ella que tomamos la decisión de casarnos con esa idea, llevándola a la práctica y es ahí donde aparece la oposición de amigos, conocidos y hasta la misma familia. Te dicen que no puedes hacer eso, que no te conviene y que no vale la pena tomar el riesgo de enfrentarte a un posible fracaso; pero el amor que sientes por esa idea es más grande que todos tus miedos y las críticas de los demás.

Decides casarte con esa idea y hacerla parte de tu existir. Desde entonces pasan todo el tiempo juntos, te vas a dormir pensando y alimentando esa idea, te levantas por las mañanas pensando en cómo puedes llevarla a cabo. Ella se arraiga tanto en ti que la sientes en todo tu ser, hasta en tus entrañas, de manera que desayunas, comes y cenas sin sacarla de tu mente. Aun cuando te bañas se te pasa mucho tiempo en la ducha por estar planificando como hacer más fuerte esa relación.

Solo con un amor así es que tú y tu idea comenzarán a reproducirse y multiplicarse. Los frutos de ese amor se llamarán resultados y es ahí cuando sabrás que ya no tendrás límites, porque aún y cuando mueras, tu legado continuará igual o con más fuerzas después de ti.

El amor a tu idea y a tus proyectos es lo que te impulsa todos los días a tomar la decisión de no ser pasivo y conformista al trabajar en algo que no te apasiona.

En conclusión, se necesita tener amor propio para reunir el valor suficiente de salir a buscar lo que nos merecemos y no lo que los demás dejan para nosotros.

AMOR APASIONADO

También es necesario tener amor apasionado para vencer toda oposición que encontrarás en el camino hacia tu meta, porque sin pasión estarás siempre escuchando si los demás aprueban lo que estás haciendo. Pero cuando estás apasionado, eres más fuerte que el mismo razonamiento, porque no piensas en el precio que habrá que pagar, sino en la recompensa que disfrutarás una vez logrado el objetivo.

Amor sacrificado en el área laboral

Si hasta ahora no tienes amor ni pasión por el trabajo que realizas, ya es tiempo de que te canses de estar en esa situación.

Atrévete a creer y desarrollar esa idea que tienes o que alguien compartió contigo, para que veas que eres capaz de convertirte en una persona segura que toma riesgos; toma la determinación para movilizarte todos los días hasta lograr encontrar lo que quieras hacer. Te darás cuenta cómo el amor por tus sueños no te dejará en paz, hasta tener aquello de lo cual estás enamorado.

AMOR PROPIO

Te repito que se necesita tener amor propio para decidir salir de la mediocridad, para cansarnos y renunciar a esa falsa comodidad que nos hace sentir bien por momentos, pero que después nos hace ver lo cobardes que hemos sido. En definitiva, vas a tener que tener suficiente amor por ti mismo para sacrificarte y conseguir todo aquello que te mereces.

Sin intención de hacerte sentir mal, tengo también que advertirte que si no te decides a tener amor por ti, no vas a reunir la valentía que se necesita para salir de tu comodidad y de todas esas situaciones que te deprimen; estarás condenado a vivir una vida que no te gusta, tendrás que lidiar siempre con los pensamientos de culpa que la cobardía te hará sentir cuando imagines lo que habría sido de tu vida si hubieras tenido amor por ti y hubieras alimentado el amor que un día tuviste por tus sueños.

El sentimiento del qué hubiera pasado, si lo hubieras intentado, te castigará, porque a todos en la vida nos llega la oportunidad de sobresalir, pero hay quienes tienen el valor de aprovecharla y quienes deciden acobardarse, dominados por el miedo a cambiar.

Cosas para recordar:

- La meta de trabajar siempre será conseguir recursos económicos.
- Es muy importante tener la mente abierta a nuevas oportunidades.

- Los tiempos están cambiando de manera constante y con ellos la manera de trabajar.
- Es igual de importante conseguir dinero como conseguir tiempo libre para gastarlo.
- Hay algo más importante que el tener tiempo y dinero: es tener amor por lo que se hace.
- Es un fracaso para un ser humano trabajar en algo que no le gusta.
- Cuándo se ama, lo que se hace desaparecen los límites.
- Cuándo se tiene pasión por las cosas en las que se trabaja, el éxito es inevitable.
- Las cosas a las que más les dedico tiempo se vuelven valiosas para mí.
- La semilla que reproduce el éxito se llama sacrificio.
- Si no me enamoro de mi idea, no podré desarrollarla.
- Los frutos del amor apasionado por una idea se llaman resultados.
- Necesito tener el suficiente amor propio para luchar por lo que quiero.
- El amor apasionado por mi idea vence toda la oposición.
- Si no decido trabajar por mis sueños, estaré condenado a tener una vida que no me gusta.
- Si no tengo el valor de trabajar en lo que me gusta, la culpabilidad y la cobardía siempre me castigarán.
- Solo yo tengo el poder de decidir salir a buscar las cosas que quiero conseguir.

Capítulo 20: VUÉLVETE EXITOSO AL AMAR A LAS PERSONAS

Quiero concluir este libro hablando de la importancia que tiene esforzarse por realizar aquellas ideas que tienes en tu corazón, esas ideas que pueden ser una semilla que, si se ejecutan, darán buenos frutos no solo para ti sino para muchas otras personas.

Solo pensemos en las cosas que ahora mismo tenemos: teléfonos, computadoras, carros, aviones, internet, ropa. Todos estos inventos, incluyendo la casa donde ahora vives, primero fueron solo una idea en la mente de una persona, la cual tuvo que enamorarse de ella para traerla a la realidad. Gracias a eso, ahora tú puedes disfrutar de ciertas comodidades que no existirían si la persona que las inventó no hubiera tenido amor y pasión para lograrlo.

Con este ejemplo quiero que te des cuenta de que, la idea que tienes o que alguien compartió contigo, es una responsabilidad que debes desarrollar, no porque sientas las ganas de hacerlo, sino porque la vida te lo confió. Puede ser que esa idea se te dio para que tú la desarrolles y así otras personas puedan beneficiarse mucho con tu éxito.

Es muy probable que vivas y duermas, todos los días, en una casa que tú no diseñaste, pero que igual te gusta y la disfrutas.

Cuando sales a pasear, te pones esa ropa que tanto te gusta lucir y te tomas fotos para compartirlas y que vean lo bien que te queda esa prenda. Date cuenta de que, tanto tu casa como tu ropa, fueron la idea de alguien que tú ni siquiera conoces, pero aun así te beneficias del valor y los grandes esfuerzos que tuvo que hacer esa persona para lograr sus sueños.

Así mismo, también tú debes trabajar en tus ideas, no solo pensar en tus beneficios, sino en lo mucho que otras personas se beneficiarán.

Cuando piensas en cómo tus logros ayudarán a la gente, entras a un círculo muy pequeño de personas cuyos nombres han quedado en la historia como personas exitosas y de buen corazón.

Solo por mencionar algunos:

Thomas Alva Edison. En 1879 trabajó en la idea de inventar un foco eléctrico para que las personas pudieran disfrutar de la claridad durante la noche.

Henry Ford, en 1908. Se esforzó para fabricar carros motorizados, con precios muy accesibles para que estuvieran al alcance de todas las personas de aquella época.

Martin Luther King Jr. En 1963 dio un discurso donde inspiró a las personas a luchar para conseguir la igualdad entre blancos y negros en los Estados unidos.

Walt Disney. Trabajó en su idea de hacer un parque donde los padres pudieran llevar a sus hijos a pasar un tiempo donde se sintieran dentro de una película y en 1955 inauguró el famoso Disneyland Park, en Anaheim California, Estados Unidos.

Pongamos un par de ejemplos más recientes.

Mark Zuckerberg. Con la idea de cómo ayudar a las personas a vencer las distancias y sentir que están cerca, en 2004 puso a Facebook al alcance de todos los usuarios.

Travis Kalanick y Garrett Camp. Miraron la necesidad que las personas tenían para conseguir un buen transporte y trabajaron en la idea de solucionar el problema. En 2009 lanzaron la app Uber.

Y así pudiéramos seguir la lista, pero la idea de recordar estos personajes es solo para darnos cuenta de que cuando hacemos las cosas con la mentalidad de suplir las necesidades de los demás, terminamos siendo nosotros los más beneficiados.

Pero esto se consigue poniendo en práctica el amor propio y teniendo amor por las personas.

Significa que si no tienes amor por ti mismo, para esforzarte y lograr tus sueños, mucho menos amarás lo suficiente a las personas como para esforzarte a realizar esas ideas que ayudarán a todos aquellos que padecen de alguna necesidad.

Son muchos los beneficios personales cuando se hacen las cosas por el bien de los demás. Cuando se ama a la gente, se es feliz, desaparece el egoísmo y comienza a tener sentido mirar la expresión de una sonrisa en las personas.

Vuélvete exitoso al amar a las personas

En el equipo de liderazgo de John C Maxwell, del cual soy parte, se nos pide que todos los días, al levantarnos por la mañana, nos preguntemos: ¿qué puedo hacer hoy por las personas? Hacerme esta pregunta me ayuda a generar ideas, de manera que las personas me miren como alguien de quien pueden esperar algo bueno para sus vidas. He podido comprobar que las personas son un regalo que Dios me dio para poder desarrollar mi capacidad de servicio.

Aún recuerdo cuando tenía la idea equivocada de que, si pretendía salir adelante, tendría que pensar en mí, luego en mí y al final en mí.

Nunca sentí paz ni felicidad con una mentalidad así, pero cuando decidí amar a las personas todo cambió. Aunque recibí muchas críticas y escuchaba decir que era un tonto por solo pensar en el bien de los demás, antes que en mí mismo.

Pero el pensar en los demás me hace ser una mejor persona, me ayuda a sentirme completo y útil. Incluso te comento que cuando nació la idea de escribir este libro fue porque estoy agradecido con Dios y quería hacer algo para él.

Por muchos meses observaba a las personas y me preguntaba: ¿Qué puedo hacer por estas personas que Dios tanto ama?

Hasta que un día por la mañana tuve una gran idea. Fue como si por un momento se me hubiera quitado una venda de mis ojos; pude ver la necesidad de amor que existe en la gente y que la mejor manera de suplir esta necesidad es enseñar a las personas a amarse a sí mismos, para que puedan amar a los demás.

Fue así como me puse a escribir y ahora tú estás leyendo este libro.

Es decir, yo pensé en aportar algo de valor a tu vida, aun sin conocerte, y ahora yo estoy siendo beneficiado porque tú estás leyendo mi libro; así es como el amor por los demás siempre te conduce a ganar.

Existen personas que creen que pensar en el bien de los demás es cosa de tontos, pero están equivocados, porque el mismo Dios nos mostró, a través de su hijo, Jesús, que es bueno servir y amar a las personas hasta la muerte.

Por eso, con mucha seguridad puedo decirte que si de hoy en adelante decides trabajar y desarrollar alguna idea de negocio o trabajo y piensas solo en el beneficio de las demás personas, verás una gran diferencia en los resultados.

La próxima vez que hables con algunos posibles clientes, ya no los mires como alguien que te harán ganar dinero, anímate a mirarlos como alguien a quien tú puedes ayudar con tus servicios o tus productos.

Existe un libro muy popular, *Padre Rico, Padre Pobre*, de Robert Kiyosaky, donde explica que el principio de la prosperidad económica comienza cuando dejas de trabajar por dinero.

Esto es algo muy cierto y yo también te digo que el principio de tener verdaderos resultados con la gente, es cuando te acercas para ayudarlos sin ningún interés personal.

Si solo te enfocas en tener un buen servicio para beneficio de los demás y pensar en cómo agregarles valor sin esperar nada a cambio, ya no te afectará cuando alguien te diga que no, porque estarás siendo sincero, con ellos y contigo mismo.

Es decir, si dicen que sí a tu idea, ya ganaste, pero si te dicen que no, también ganaste, porque sin importar su respuesta, tú lograste tu objetivo de hablarles e intentar agregarles algo de valor a sus vidas y no serás responsable de su respuesta, pero sí de lo que les ofreces a los demás.

Es muy desalentador para un emprendedor ser rechazado en alguno de sus intentos de hacer crecer su negocio y sus ganancias, pero esto se puede evitar teniendo amor por las personas. Solo al hacer las cosas sin ningún interés personal se pueden respetar sus decisiones, sin que te ofendan o te causen algún desánimo.

Vivir libre del poder que tiene la gente para hacer sentir mal a los demás, es muy satisfactorio, pues tú nunca podrás evitar que las personas piensen, digan, o hagan algo en contra de ti, pero sí puedes amarte lo suficiente como para no permitir que eso te lastime.

El amor siempre será tu mejor armadura, para protegerte del daño que pretendan hacerte.
El amor es tu mejor arma para vencer al odio.
El amor es tu mejor herramienta para trabajar por tus sueños.
El amor es el mejor motivo para aceptar a las personas como son.
El amor es la mejor medicina para sanar tus heridas internas.
El amor es lo mejor que puedes poseer en este planeta.

Vuélvete exitoso al amar a las personas

Puedes vivir seguro de que eres amado y tienes la capacidad de amar, porque el amor nunca deja de ser.

Como resumen de este capítulo final, te dejo con las ilustres palabras de Pablo, aquel gran hombre que un día escribió en una carta, a las personas que vivían en la ciudad de Corinto, la mejor explicación de lo que es el amor:

Hay tres cosas que son permanentes:
la fe, la esperanza y el amor. Pero la más
importante de las tres, es el amor.
1 Corintios 13:13

AGRADECIMIENTOS

Primero quiero dar las gracias a Dios, que me permite ser el autor de este libro que considero puede aportar mucho a las personas. Él es mi mejor inspiración para escribir acerca de cómo amar a la gente, pues el amor más grande lo demostró Él a través de su hijo, Jesucristo, en una cruz.

También agradezco a mi esposa, Jazmín, y a mis cuatro hijos: Mike, Aby, Lizy y Jasmine, quienes siempre me dan su apoyo incondicional para que mis proyectos de escritura sean una realidad.

A mis amigos y hermanos en la fe de Cielos Abiertos.

Al doctor y mentor Abraham Pérez, quien me ayudó a revisar detalles de introducción y portada.

A Aurora Carranza, quien es muy profesional y me ayudó a corregir y editar.

A grandes amigos y líderes, que siempre me motivan a seguir adelante cuando se trata de hacer algo que ayuda y le agrega valor a las personas.

A todos ellos, con todo mi corazón, les doy las gracias.